Pragmatische Psychologie

Dein Anderssein, Deine Verrücktheit, Dein Glück!

Mag. Susanna Mittermaier
Liz. Klin. Psychologin

ACCESS CONSCIOUSNESS® PUBLISHING

Pragmatische Psychologie

ISBN: 978-1-939261-89-2

Titelfoto: Lena Evertsson

Veröffentlicht von
Access Consciousness Publishing, LLC
www.accessconsciousnesspublishing.com

Englische Originalausgabe 2013:
Pragmatic Psychology – Practical Tools for Being Crazy Happy

Inhalt

Vorwort

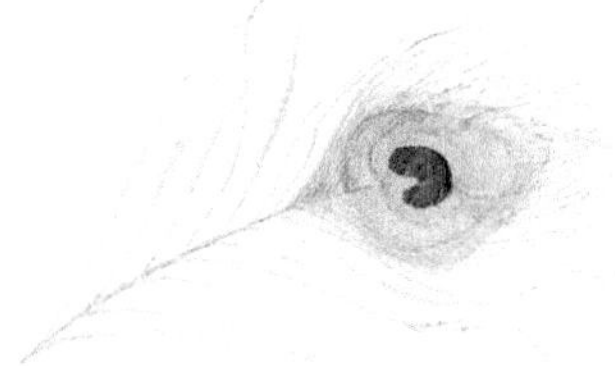

Dieses Buch zu schreiben war für mich eine erstaunliche Reise und eine Freude! Eigentlich sollte ich sagen, dass es harte Arbeit war und dass ich sehr lange dafür gebraucht habe. Aber ich würde lügen. Es war leicht und ging schnell. Ganz wie es mir entspricht.

Ich erzähle dir in diesem Buch, was ich weiß und lade dich dazu ein herauszufinden, was du weißt. Was wäre, wenn du schon sehr viel mehr über dich wüsstest, als du gedacht hast? Und auch darüber, wie du dein Leben wirklich gestalten willst? Was wäre, wenn genau die Eigenschaften an dir, die dir falsch, verrückt und blödsinnig vorkommen, dein Zugang zu dem Glück und der Freude wären, die du wirklich bist? Was wäre, wenn du damit anfangen würdest zu schätzen und zu feiern, was dich von anderen unterscheidet?

Dankbarkeit

Meine Dankbarkeit ist unendlich! Meinen Dank an Gary M. Douglas, den Mann, der niemals müde wird anzuerkennen, wer ich bin und wozu ich wirklich fähig bin. Danke, dass du bist und dass du die großartigere Realität lebst, die tatsächlich möglich ist auf diesem Planeten und danke, dass du niemals aufgibst!

Danke an Dr. Dain Heer, den Mann, der mich immer wieder wach kitzelt, wenn ich vergesse, welche Stärke und Freude mein wahres Wesen ist, und der mich immer wieder daran erinnert, dass meine Realität tatsächlich Leichtigkeit, Freude und Herrlichkeit ist.

Danke, Mama und Papa. Ihr seid beide so liebenswürdige Menschen! Euch als Eltern zu haben, ist die größte Ehre für mich. Danke, dass Ihr mich darin unterstützt zu sein, was ich bin.

Danke, Joy Voeth, für deine Hilfe beim Verlegen dieses Buches und für die Freude und die Leichtigkeit, mit der wir gemeinsam diesem Werk ins Leben geholfen haben. Und vielen, vielen Dank an alle, die beteiligt waren bei der Herausgabe und dem Design dieses Buches.

Und danke, liebe Leserinnen und Leser, die Ihr großartigere Möglichkeiten für euch in Betracht zieht! Habt Spaß beim Lesen, und habt Spaß an dem, was Ihr seid!

Susanna Mittermaier

Pragmatische Psychologie
Dein Anderssein, Deine Verrücktheit, Dein Glück!

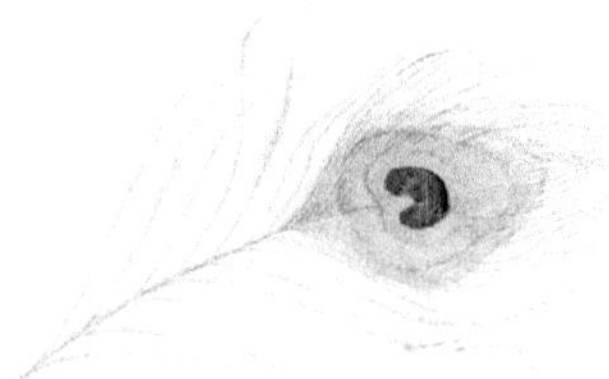

- Ist jetzt die Zeit, die Welt zu erschaffen, von der wir immer schon gewusst haben, dass sie möglich ist?
- Kann es sein, dass das Leben viel leichter und einfacher ist, als du gedacht hast?
- Wie wäre es, wenn du alle deine „Fehler“ loslassen könntest, all die Zweifel darüber, was du nicht erreichen kannst, all die Bewertungen, die du über dich hast?
- Was wäre, wenn du dir bewusst werden würdest, wer du wahrhaftig bist und wozu du wirklich in der Lage bist?
- Ist es jetzt an der Zeit, dich nicht mehr von der Vergangenheit niederdrücken zu lassen?
- Wie wäre es, wenn die Psychologie mehr sein könnte, als Probleme zu lösen und wenn dich die Psychologie ermächtigen könnte, all das zu sein, was du bist und all das zu wissen, was du weißt?

- Wie wäre es, wenn es in der Psychologie darum ginge, eine andere, nachhaltige Zukunft für dich und uns alle zu erschaffen?
- Welche Wirklichkeit, die noch nie zuvor existiert hat, kannst du jetzt für dich und die Welt ins Leben rufen?
- Ist jetzt die Zeit, deine Verrücktheiten zu genießen und zu nutzen, um dir das Leben zu erschaffen, das du dir in Wahrheit ersehnst?
- Ist jetzt die Zeit, verrückt glücklich zu sein?

* * *

Witzig, ich habe gerade bemerkt, dass ich mit dem Teil begonnen habe, der eigentlich am Ende stehen sollte. Mit dem großen Finale nämlich. Die Einladung zu dem, was über all die Begrenzungen hinausgeht, die du für echt gehalten hast. Die Einladung in eine andere Welt. Ich denke mal, wenn du dich für dieses Buch entschieden hast, dann verlangst du auch nach etwas, was größer ist als das, was du kennst. Warum also nicht gleich jetzt damit beginnen? Hast du nicht dein ganzes Leben auf den Moment gewartet, in dem es richtig gut wird? Was, wenn das Happy End jetzt schon für dich erreichbar sein könnte? Und was, wenn auch das nur der Anfang wäre?

Was wäre, wenn du dich nicht mehr dafür verurteilen würdest, dass du mehr ersehnst? Mehr als diese Realität zu bieten scheint und mehr als alle anderen für möglich halten? Weißt du eigentlich, welches Geschenk du für diese Welt bist? Einfach indem du DU bist und nach mehr fragst? Den meisten Menschen wird ein Vorwurf daraus gemacht, dass sie niemals zufrieden sind, mit dem was sie haben. Aber sich nach mehr zu sehnen, ist der Motor, der die Welt in Bewegung setzt! Genau diese Sehnsucht lässt Möglichkeiten auftauchen, die jenseits der Begrenzungen liegen, die die anderen zur Realität gemacht haben.

Wie viel von deiner Lebenszeit verbringst du damit, Probleme zu lösen und Themen zu haben? Wie sehr bemühst du dich, dich gut zu fühlen, als wäre das das Ergebnis, das du anstreben solltest? Und wie mies hast du dich dein ganzes Leben lang gefühlt, weil du niemals zu dem Punkt gekommen bist, an dem du dich wirklich gut gefühlt hast? Wie sehr verurteilst du dich Tag für Tag, weil du es nicht richtig machst, nicht genug tust, nicht gut genug bist, weil du nicht den richtigen Körper hast, die perfekte Beziehung, das Geld, den Super-Sex, die erfolgreiche Karriere?

Wie oft in deinem Leben hat dich eine Depression erwischt, hast du Ängste erlebt, Panikattacken oder irgendwelche andere nicht so angenehme Erfahrungen und hast dich deswegen in der Falle ohne Ausweg gefühlt?

Das ist die Wirklichkeit, in der die meisten Menschen leben. Dies ist eine Welt, in der Depressionen, Ängste und andere Krankheiten ein normaler Bestandteil des Lebens sind. Sich mies zu fühlen und Probleme zu haben, wird als ganz normal in dieser Realität angesehen. Wie viele Probleme erschaffst du dir also, um als normal zu gelten? Und was wäre, wenn du diese Normalität hinter dir lassen und deine Einzigartigkeit erkennen würdest?

* * *

Ich bin klinische Psychologin und habe in den vergangenen Jahren unzählige Menschen getroffen, die mit jeder nur denkbaren Art von Diagnose versehen zu mir kamen. Und jeder einzelne von ihnen hat mir erzählt, was mit ihm nicht stimmt, wie furchtbar es ist, dass sie mit ihren Problemen nicht klarkommen, dass sie nie etwas richtig machen und dass sie sich niemals anpassen können, egal in welcher Umgebung sie sind. Sie sagen mir, dass sie sich ändern möchten, aber in Wahrheit glauben sie nicht daran, dass Veränderung möglich ist. Zu viele Techniken haben sie schon ausprobiert, zu viele Therapien, die alle nicht geholfen haben. Manchmal treffe ich auf Menschen, die so frustriert sind, dass sie aufgehört haben zu kommunizieren. Andere haben die unterschiedlichsten Medikamente genommen, ohne dass es etwas verändert hätte. Meine Klienten leiden unter Depressionen, Angstzuständen, Schizophrenie, Phobien, Essstörungen, Persönlichkeitsstörungen, ADHS (Aufmerksamkeitsdefizit/Hyperaktivitätsstörung), ADS(Aufmerksamkeitsdefizitstörung), OCD (Zwangsstörungen), Autismus, Asperger-Syndrom und Varianten davon.

Ich arbeite mit diesen Menschen anders, als ich es auf der Universität gelernt habe. Tatsächlich war ich nie wirklich glücklich oder zufrieden mit den Werkzeugen, die ich während meines Psychologiestudiums an die Hand bekommen habe. Irgendwie wusste ich immer schon, dass es da mehr geben muss. Also habe ich meine Reise begonnen, um die Instrumente zu finden, die wirklich helfen.

Was ich gefunden habe, war AccessConsciousness®, gegründet von Gary M. Douglas und mitentwickelt von Dr. Dain Heer Access Consciousness® bietet Werkzeuge und Techniken, um all das zu ändern, was nicht funktioniert in deinem Leben. Wenn wir glauben, dass wir keine Wahlmöglichkeiten haben, eröffnen uns diese Werkzeuge und Techniken den Weg aus dem Glauben daran, wie falsch wir alles machen und führen uns an einen Ort, an dem wir wieder wissen, was wir immer schon wussten und an dem es uns gelingt, ganz wir selbst zu sein. Und das ist der Ort, an dem wir zuhause sind, an dem wir unsere Wirklichkeit gestalten. Diese Art, Veränderung zu bewirken, ist wirklich anders als alles, was ich gelernt hatte. Lasst uns also anfangen.

Kapitel 1

Wie ich alles falsch gemacht habe

Aus eigener Erfahrung kenne ich die Herausforderungen, die mit der persönlichen Entwicklung und Transformation einhergehen. Trotz meines äußeren Erfolges stellte ich vor 5 Jahren fest, wie unglücklich ich war. Ich hatte alles, was ein Mensch auf dieser Welt nur haben kann. Alles, wovon alle glauben, dass es jeden Menschen absolut glücklich und zufrieden machen sollte – eine Ausbildung, einen netten Mann, Geld, ein Haus, einen Job, eine aufstrebende Karriere und ich war schwanger. Wenn ich mich so bei meinen Nachbarn umschaute, fragte ich mich jedoch: „Weshalb gelingt es mir nicht, ebenso glücklich wie diese Menschen zu sein? Ich habe doch alles! Was stimmt bloß nicht mit mir?“ Kurz danach stellte sich meine Welt auf den Kopf. Ich erinnere mich daran, wie ich vom Arzt nachhause kam, der mir mitgeteilt hatte, dass ich ein totes Baby in meinem Bauch trage. Die Schwangerschaft war schon ziemlich fortgeschritten und ich stand im Wohnzimmer meines perfekten Hauses und mein so perfektes Leben zerbröselte vor meinen Augen. Mir ging buchstäblich ein Licht auf. Ich hatte einer dieser merkwürdigen Erfahrungen, in denen man in weißes Licht gehüllt ist…und plötzlich wusste ich: Alles ist gut! Ich war glücklich! Dabei sollte ich doch gar nicht glücklich sein, nachdem ich gerade alles verloren hatte, was ich mir wünschte. Und trotzdem begann in diesem Moment eine weit großartigere Wirklichkeit für mich. Der Tod meines Kindes war die Geburt eines Lebens, von dem ich nicht geahnt hatte, dass es mir auf diesem Planeten zu leben möglich wäre.

* * *

Als ich damals mit Access Consciousness® begann, wurde mir klar, dass die Psychologie dazu dient, unser Leben zu verbessern, damit wir uns in diese Wirklichkeit einfügen können. Sie dient dazu, eine bessere Version unserer selbst zu erschaffen: Um uns einfügen und anpassen zu können, müssen wir die Art unseres Denkens und unser Verhalten ändern.

Diese Herangehensweise lässt uns nicht viel Spielraum, denn sie basiert auf Bewertungen. Bewertungen darüber, was die richtige und was die falsche Art zu leben ist. Auf diese Weise sind wir gezwungen, uns ununterbrochen zu fragen, was wir tun müssen, um es richtig zu machen, dazu zu gehören und „normal" zu sein.

Wie auch immer, ich begann mich zu fragen: Ist das genug? Funktioniert das? Was wissen meine Patienten tatsächlich?

Ich lade dich hier ein, die Dinge anders zu sehen. Ich werde dir nicht erklären, was richtig und was falsch ist und ich werde dir nicht sagen, was du tun sollst und was nicht. Stattdessen lade ich dich ein, Fragen zu stellen und herauszufinden, was wahr für dich ist.

Als ich mich auf diese Reise begab, habe ich fassungslos festgestellt, wie viel mehr das Leben zu bieten hat als nur den Versuch, sich anzupassen und normal zu sein. Ich wusste immer schon, dass Glück eine Wahl ist, die wir alle treffen können. Aber als ich erwachsen wurde, vergaß ich diese Möglichkeit, weil ich viel zu beschäftigt damit war, ein „normales" Leben zu leben.

Es war ein Bilderbuch-Leben, in dem ich immer depressiver wurde, weil ich nicht mein Leben lebte, sondern die Version, die alle anderen für perfekt hielten.

Wie viel von dem, was du Depression, Angst oder sonstige Probleme nennst, hat ihre Ursache in der Tatsache, dass du das Leben der anderen lebst und darin, dass du weißt, dass so viel mehr möglich wäre, das du dir niemals erlaubt hast, für dich zu wählen? Wie viel liegt darin begründet, dass man dir erzählt hat, was alles nicht möglich ist, du selbst es aber durchaus für möglich hältst? Oder darin, dass man dir glaubhaft versichert hat – mit Worten oder ohne – dass du wahnsinnig bist, wenn du nach etwas anderem strebst? Wie sehr hast du auf diese Versicherungen gelauscht, dich selbst verurteilt, alles das zurückgehalten, von dem du weißt, dass es wahr ist und dir damit Schmerz bereitet, Anspannung, Depression und alle möglichen anderen psychologischen Probleme auf dich geladen und in deinem Körper eingeschlossen?

Ist es jetzt an der Zeit, das zu ändern?

Was wäre, wenn du anerkennen würdest, dass deine Wahrheit dein Leben verändern könnte und noch mehr als das?

Anzuerkennen, wer ich bin und was ich weiß, hat mein Leben von Grund auf geändert. Vom Depressions-Modus in den Kreations-Modus – und das mit Überschallgeschwindigkeit direkt in den Glücks-Modus.

Bist du bereit, aus dem, was du Probleme und diese Realität nennst, auszusteigen? Bist du bereit herauszufinden, welche Möglichkeiten und Abenteuer tatsächlich auf dich warten?

Allerdings muss ich eine Warnung aussprechen: Es ist verrückt und es ist leicht. Die beiden Dinge, die in dieser Realität so gar nicht erlaubt sind. Bist du bereit, die Regeln zu brechen?

* * *

Vielleicht wunderst du dich über den Titel dieses Buchs und darüber, was Psychologie damit zu tun hat, deine Welt zu erschaffen. Und warum eigentlich „Welt" – ist das nicht ein bisschen weit gegriffen? Ja, ist es. Aber was, wenn die Tatsache, dass du DU bist, ein Geschenk für die Welt wäre? Was wäre, wenn in dem Moment, in dem du aufhörst, dich als falsch zu bewerten und du beginnst, dein eigenes Leben zu gestalten, du damit nicht nur deine eigene Welt ändern würdest, sondern auch eine Einladung wärst für andere? Eine Einladung für andere, frei zu wählen und zu erkennen, was sie wissen? Und zu sein, was sie sind?

Ich habe diese Entwicklung bei so vielen meiner Patienten beobachtet. Sie entscheiden sich, mehr von dem zu sein, was sie wirklich sind und ihre gesamte Realität ändert sich. Jedes Mal, wenn ich mich dafür entscheide, mich zu zeigen und das Leben und das Besondere an mir zu feiern, ändert sich meine Wirklichkeit und die Menschen um mich herum.

Früher habe ich mich bemüht, meine Eltern glücklich zu machen und tat, was ich konnte, um sie davon zu überzeugen, dass das Leben so viel großartiger sein kann, als das übliche Drama und Trauma und all die Bewertungen und Verurteilungen, an die wir uns gewöhnt haben. Doch je mehr ich mich darum bemühte, desto unglücklicher wurden sie. Erst als ich mein eigenes Glück zu genießen begann, fingen sie an, mir Fragen zu stellen. Sie wollten wissen, was ich tue, um so glücklich zu sein. Sie waren plötzlich interessiert an den Werkzeugen, die ich benutzte!

Sie kamen sogar zu den Workshops, die ich hielt und versicherten mir, dass sie jedes Mal etwas Neues gelernt hätten. Mittlerweile wissen sie, dass sie in jedem Augenblick eine Wahl treffen können. Und ich weiß, dass ich in jedem Augenblick die Wahl habe, in totaler Erlaubnis für das zu sein, was sie wählen.

Dieses Buch ist eine Einladung für dich, aus deiner Schublade, die du Leben nennst, heraus zu kommen, eine Einladung, all die Bewertungen und die sogenannten Probleme gehen zu lassen, die dir nur hinderlich sind. Dann kannst du sein, was du wirklich bist und die Wirklichkeit gestalten und ins Leben rufen, die du in Wahrheit ersehnst.

Wie anders wäre deine Welt, wenn du nur deine vermeintlichen Fehler und die Bedeutsamkeit, die du deinen Problemen verleihst, fallen lassen könntest und sehen könntest, was wirklich deine Wahrheit ist?

Du magst mich für verrückt halten, weil ich das glaube. Und du hättest recht. Ich bin verrückt. Aber was, wenn verrückt zu sein, genau das ist, was uns erlaubt, so andersartig zu sein, wie es unserem wirklichem Wesen entspricht? Und was, wenn es genau das wäre, was uns befähigt, neue andere Möglichkeiten für uns und die Welt wahrzunehmen? Was, wenn du dir erlauben würdest, so verrückt und anders zu sein, dass du feststellen würdest, dass es gar nicht nötig ist, so hart daran zu arbeiten, in alle bekannten Kategorien zu passen und so „normal" wie alle anderen zu sein? Bist du dir eigentlich bewusst, wie viel Energie du damit verschwendest, „normal" und angepasst zu sein?

Was wäre, wenn jeder deiner Fehler eigentlich eine Stärke wäre? Was wäre, wenn der Freak, der du bist, nichts anderes als deine Andersartigkeit wäre – und was, wenn diese Eigenschaften genau das wären, was die Welt gerade braucht? Was, wenn deine sogenannte Geisteskrankheit einfach nur eine Bezeichnung für deine Fähigkeiten wäre? Wärst du bereit, das als Möglichkeit anzuerkennen? Bist du bereit, deine Ansichten darüber, wer du zu sein glaubtest, aufzugeben? Und bist du bereit, das Abenteuer zu beginnen? Das Abenteuer, das dich zu deinem wahren Wesen führt? Welcher Möglichkeiten bist du dir bewusst? Bist du bereit, dich diesen Möglichkeiten zu öffnen?

Was wäre, wenn du eine andere Wahl hättest, als das Opfer deiner eigenen Geschichte zu sein, deiner Vergangenheit, deiner Kindheit oder deiner Probleme?

Was wäre, wenn du die Möglichkeit hättest, etwas ganz anderes zu wählen? Und was, wenn das viel schneller und einfacher ginge, als du jemals geglaubt hast?

Dieses Buch bietet dir Informationen, Werkzeuge und die Schlüssel zu deiner Freiheit, jenseits dessen, was du deine Probleme oder Themen nennst. Und es führt dich weit über die Notwendigkeit hinaus, dich selbst zu begrenzen.

Als ich auf dem Gymnasium war, hielt man mich nicht für besonders klug. Der Ausdruck dafür war „nicht besonders begabt". Aber auf der Universität war ich eine der besten Studentinnen. Das habe ich nicht begriffen und so fragte ich mich: „Um was geht es hier eigentlich? Was nehme ich hier wahr, das ich bisher noch nicht anerkannt habe?" Ich fand heraus, dass die „Unfähigkeit", die man mir attestiert hatte, einfach eine andere Art der Informationsverarbeitung war. Und so habe ich gelernt, dass mein Fehler eine Andersartigkeit war, die ich zu meinem Vorteil nutzen konnte. Genau diese andere Art von Informationsverarbeitung versetzt mich in die Lage, viel in kurzer Zeit und mit großer Leichtigkeit aufzunehmen.

Bevor ich damit begann, mich zu fragen, was meine Wahrheit ist, habe ich mich selbst zum Produkt meiner Kindheit gemacht und hielt mich für dumm. Aber als ich Fragen stellte, hat sich mir eine ganz neue Welt eröffnet. Welche deiner Fähigkeiten hast du fälschlicherweise als Mangel identifiziert? Was, wenn du so viel mehr wärst als deine Probleme, Gedanken, Gefühle und Emotionen?

Was, wenn du deine so genannten geistigen Störungen zu deinem Vorteil nutzen könntest? Sag „Hallo" zu der Superwoman und dem Superman in dir!

Von meinen Patienten höre ich immer wieder, dass sie wünschten, jemand hätte ihnen diese Informationen schon früher gegeben. Dadurch hätte sich ihr Leben anders gestaltet.

Ich bin kein Experte oder Guru. Ich bin hier, um dich zu dem Wissen einzuladen, das du bereits in dir hast. Wenn du das alles liest, dann achte darauf, ob es sich für dich leicht anfühlt. Ob es dazu beiträgt, dein Universum auszudehnen. Wenn es so ist, dann ist es wahr für dich.

Ist jetzt die Zeit herauszufinden, was du weißt?

Ist jetzt die Zeit, dir selbst zu vertrauen?

* * *

Susanna – die verrückte Psychologin

Jahrelang habe ich als klinische Psychologin gearbeitet und dabei die unterschiedlichsten Methoden angewandt, zum Beispiel lang- und kurzfristige psychodynamische Therapie und kognitive Verhaltenspsychotherapie. Ich wandte neuropsychologische Tests an, um Diagnosen zu überprüfen.

In den ersten Jahren meiner Tätigkeit im Krankenhaus fühlte sich meine Arbeit schwer an und mein Körper war oft müde. Ich hatte die Ansicht, dass es meine Verantwortung sei, mich um meine Patienten zu kümmern, dafür zu sorgen, dass sie sich besser fühlten, damit sie keinen Selbstmord begingen.

Möchtest du dieses Buch jetzt gern zuklappen und schlafen gehen? Naja, so war mein erstes Jahr als Psychologin. Arbeit und Schlafen. Und für viele meiner Kollegen ist das noch immer die Realität, in der sie leben. Das mag jetzt übertrieben klingen, aber schaue dich doch nur um. Wie viel Energie haben die meisten Psychologen, Sozialarbeiter, Lehrer, Mütter, Väter usw. noch übrig nach einer Arbeitswoche? Wie viel Zeit verbringen die Menschen damit, andere zu retten und dafür zu sorgen, dass sie sich besser fühlen? Wie viel Zeit verbringst du damit, anderen zu helfen, sich besser zu fühlen?

Schau dich um in deinem Leben und versuche ein Gefühl dafür zu bekommen, wie viel deiner Zeit du damit verbringst, anderen zu helfen. Ich war mir nicht einmal bewusst, wie viel Energie mich meine Arbeit gekostet hat. Ja, ich benutze das Wort „kosten" mit Absicht. Wir zahlen nicht nur mit Geld, wir zahlen auch mit unserer Zeit, unserer Energie und mit uns selbst.

Nach nur einem Jahr im Krankenhaus dachte ich über einen Berufswechsel nach. Ich war nicht bereit, mein Leben ausschließlich harter Arbeit und dem verdienten Schlaf zu widmen. Auf keinen Fall! Die Resultate, die ich mit den konventionellen Therapien erzielte, waren nicht vielversprechend genug, um weiter auf diese Art und Weise zu arbeiten. Was ich für meine Patienten erreichte, war nicht das, was tatsächlich möglich war, das wusste ich. Das musste sich ändern! Das war die Forderung, die ich an mich stellte. Obwohl ich viele Jahre studiert hatte, um Psychologin zu werden, war ich bereit, das alles hinter mir zu lassen und mich nach einem anderen Beruf umzusehen, wenn sich die Art und Weise meiner Arbeit nicht ändern ließ.

Während dieser Zeit hatte ich das Gefühl, dass irgendeine Art von Fortbildung mir weiterhelfen könnte. Irgendein Kurs oder Workshop könnte der Funke sein, der etwas Neues entzündete.

Ich wusste nicht, was für ein Kurs das sein würde oder wann ich ihn finden würde. Aber ich war ganz sicher, dass es geschehen würde. Mein inneres Wissen war klar und deutlich.

Bitte hab kein Vergnügen daran, dieses Buch zu lesen. Vergnügen ist schlecht. Es ist unmoralisch und macht das Leben viel zu leicht. Besonders als Psychologe und Therapeut sollte man das Leben sehr ernst nehmen, sonst wird man verurteilt und ans Kreuz genagelt als nicht wissenschaftlich erwiesenes Wesen.

Wir müssen „professionell" sein. Und professionell zu sein, bedeutet, keinen Spaß haben zu dürfen. Die größte Veränderung bei meinen Klienten geschah, als sie sich selbst erlaubten, Spaß zu haben.

Oh, meinen Verstand zufrieden zu stellen! Der war übrigens während des größten Teils meines Lebens mein liebster Besitz. Mein Verstand und ich waren die besten Freunde. Wir haben alles zusammen gemacht, sind überall gemeinsam hin, haben jedes Problem gelöst...das waren noch Zeiten.

Also ja, ich war ein Kopffüßler. Was das ist? Kennst du diese Kinderzeichnungen, wenn die Kleinen beginnen Menschen zu malen? Sie malen dann riesige Köpfe mit winzig kleinen Füßen daran. Ich bin sicher, sie stellen Menschen nicht so dar, weil sie in diesem Alter so schlecht zeichnen können. Im Gegenteil, sie sind sich glasklar bewusst, wie die Menschen sich entschieden haben, in dieser Realität zu funktionieren. Sie wissen, dass es in dieser Welt ausschließlich um den Verstand geht. Leg deinen Körper irgendwohin schlafen, nimm deinen Verstand und los geht's! Ich nenne diese Art von Menschen Kopffüßler: Ein Verstand auf zwei

Beinen. (Herzlich Willkommen zu meiner seltsamen Art von Humor.)

Also zurück zu dem, was ich eigentlich sagen wollte. Um mein überaktives Hirn zu befriedigen, war ich ständig auf der Suche nach neuen Workshops und Kursen. Mein Verstand verlangte von mir, immer etwas zu tun, nachdem Vertrauen und Sein und den Dingen die Erlaubnis zu geben aufzutauchen, meinem lieben Verstand nicht effektiv genug erschien. Ich war diejenige, die alles kontrollieren musste. (Da fällt mir ein, erkennst du dich zufällig in diesem Kontrollfreak?)

Meine fleißige Suche führte allerdings zu keinerlei Erfolg. Und dann plötzlich tauchte ein AccessConsciousness® Workshop auf. Und zwar zu einem Zeitpunkt, wo ich nicht im Geringsten damit gerechnet hatte. Ich hatte keine Ahnung, worum es bei diesem Kurs ging, aber ich nahm trotzdem teil, weil ich auf irgendeiner Ebene sicher war, dass diese Tage mein ganzes Leben verändern würden. Dieser Kurs dauerte fünf Tage und brachte mich dazu, Access Consciousness® Kurse in der ganzen Welt zu besuchen: Schweden, England, Costa Rica und Australien.

Das Ergebnis: Ich fühlte, dass ich plötzlich ein völlig anderes Leben lebte, in einer völlig anderen Realität und ich besaß einen ganzen Koffer voll mit Werkzeugen, um mich und die ganze Welt zu verändern.

Meine Beziehung änderte sich, ich verkaufte mein Haus und zog in die Stadt. Ich änderte meine Arbeitsweise. Und vor allen Dingen hatte ich plötzlich eine Ahnung von dem, was ich bin und wozu ich tatsächlich fähig bin, jenseits von allem, was ich jemals für möglich gehalten hatte.

Jetzt erschaffe ich ein neues Paradigma, was Psychologie und Therapie betrifft. Ich nutze, was ich bin und was ich weiß. Und ich nutze die revolutionären Werkzeuge von Access Consciousness®. Ich nenne es „Pragmatische Psychologie".

Kapitel 2

Pragmatische Psychologie

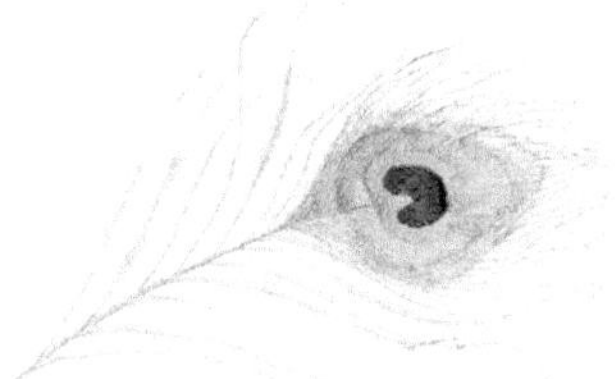

Was meine ich mit „Pragmatische Psychologie“? Das ist meine Bezeichnung für die Techniken, die Informationen und Perspektiven, die es dir erleichtern, aus deiner Opferrolle auszusteigen und aus dem, was deine Vergangenheit, andere Menschen und deine Konditionierungen aus dir gemacht haben. Diese Werkzeuge ermächtigen dich zu erkennen, dass du eine Wahl hast. Wenn du sie verwendest, werden sie dir die Tür zu dem Leben öffnen, das du wirklich ersehnst, und sie erlauben dir, dieses Leben eigenhändig zu gestalten.

Die Pragmatische Psychologie erkennt deine Fähigkeiten an und würdigt, was du bist und was du weißt. Es geht darum, alles aus dem Weg zu räumen, was dich daran hindert, DU zu sein. Die Pragmatische Psychologie verwendet die Access Consciousness® Werkzeuge in der Psychologie und Therapie, um eine andere Sichtweise auf Verrücktheit und Diagnosen zu eröffnen und um den Weg zu ebnen zu großartigen Möglichkeiten.

Das hier ist nicht etwa nur irgendeine neue Theorie oder ein etwas anderes Konzept, das dazu dient, dir vorzuschreiben, wie du dein Leben leben sollst. Es ist kein Rezept für das perfekte Leben. Und es ist auch kein Leitfaden für das, was „richtig" oder „falsch" ist. Es geht so gar nicht darum, dir zu erklären, wie du dich noch besser an diese Realität anpassen kannst. Die meisten Methoden und Theorien sind genau dazu gedacht – sie sollen dir erklären und verständlich machen, was in der Welt geschieht, als ein Versuch, eine Lösung für all den Schmerz und das Leid zu finden. Wie viele dieser Methoden hast du bereits ausprobiert? Haben sie funktioniert? Ich selbst habe so einige angewandt und keine einzige hat mir jemals dieses Gefühl von Leichtigkeit und Frieden gebracht oder das Wissen darüber, wer ich wirklich bin. Niemals haben diese Theorien und Methoden mir das Gefühl geben können, dass anerkannt wird, was ich weiß und was wirklich möglich ist jenseits dieser Realität, die man mir präsentiert hat.

Was ich stattdessen herausgefunden habe, ist, dass die meisten Methoden dazu dienen, Probleme in Ordnung zu bringen. Das aber bedeutet, dass die Menschen, die die jeweilige Methode anwenden, erst einmal davon überzeugt sein müssen, dass da überhaupt ein Problem ist.

Von dieser Annahme gehen auch meine Klienten aus. Jeden Tag erzählen sie mir, was sie alles durchgemacht heben, von all dem Missbrauch, der an ihnen begangen wurde und wie falsch sie sich fühlen. All diese Geschichten treiben mir die Tränen in die Augen. Ich nämlich sehe ihre Brillanz, ihre Fähigkeiten, ihre Einmaligkeit. Ich sehe, was sie von anderen unterscheidet und was es ist, das sie dazu befähigt, die Welt zu verändern. Nur dass sie das noch nicht anerkannt haben.

Ich wusste schon immer, dass es einen anderen Weg gibt, Veränderung leicht zu machen. Ich habe die Pragmatische

Psychologie kreiert, damit die Menschen damit beginnen können, sich selbst und das, was sie sind, anzuerkennen und das Licht ihres Bewusstseins darauf zu richten.

Die Pragmatische Psychologie bietet die Werkzeuge, die Informationen und die Erweiterung deiner Wahrnehmung, die es dir ermöglicht zu wissen, was du weißt, alles ohne Bewertung zu empfangen und alles so zu verändern, wie du es dir ersehnst.

In früheren Zeiten war die Psychologie die Kunst des Wissens. Später wurde sie zum Forschungsgebiet des Verhaltens und Denkens. Wie wäre es, wenn wir eine Psychologie erschaffen könnten, die dich ermächtigt zu wissen, was du weißt?

Die Pragmatische Psychologie erlöst die Psychologie aus der Polarität dieser Realität, in der es immer nur darum geht, was gut ist oder schlecht, richtig oder falsch, das Richtige zu tun, die richtige Entscheidung zu treffen, zu gewinnen und nicht zu verlieren.

Psychologie im traditionellen Sinn bemüht sich um bestmögliche Anpassung und Einpassung an und in diese Realität. Sie setzt die Richtlinien für das, was gesund und das, was verrückt ist. Sie postuliert, dass es richtig und „normal" ist, ein psychologisches Problem zu haben.

Meistens hinterfragt die Psychologie nicht einmal, ob man wirklich ein Problem hat oder nicht. Stattdessen begibt sie sich unverzüglich auf die Suche nach dem, was nicht funktioniert, in der Annahme, dass ja irgendetwas falsch laufen muss. Sie untersucht, was die Ursache für das Problem ist und warum es problematisch ist und sucht nach Beweise für das, was nicht in Ordnung ist.

Ganz im Gegensatz dazu lädt dich die Pragmatische Psychologie dazu ein, Fragen zu stellen, eine Wahl und Möglichkeiten zu haben und sie ermutigt dich dazu, ein Beitrag zu sein. Sie lädt dich ein zu einem Ort, an dem du dich von dem lösen kannst, was falsch an dir zu sein scheint, an dem du weißt, dass du eine Wahl hast und an dem du die Fragen stellen kannst, die großartigere Möglichkeiten für dich und dein Leben erschaffen und du Beitrag an der Kreation dessen bist, was du wirklich ersehnst. Wenn du Fragen stellst, bewegst du dich hinein in einen Raum der Wahrnehmung, was wirklich möglich ist für dich, jenseits von Antworten und Schlussfolgerungen.

Probleme und Schwierigkeiten werden nur erschaffen, wenn wir nicht bereit sind wahrzunehmen und zu sehen, was wirklich ist. Jedes Mal, wenn wir unsere Wahrnehmung begrenzen und nicht willens sind, bewusst zu sein, erschaffen wir Probleme. Es ist ungefähr so, als würden wir versuchen, uns im Dunkeln anzukleiden. Wenn das Licht angeht und du siehst, was du angezogen hast, könnte es sein, dass du nicht so aussiehst, wie du gehofft hast.

Oft ist das, was die meisten Menschen erfahren, zu seltsam in dieser Realität, so dass sie es vorziehen, im vertrauten Rahmen dieser Wirklichkeit zu bleiben, in der sie zu einer Art Antwort kommen, weshalb ein Problem nicht zu lösen ist oder in der man einfach annimmt, dass dieser Mensch zu krank ist, um geheilt zu werden. Beispiele dafür sind Schizophrenie und Autismus. Viele Experten wissen gar nicht wirklich oder möchten gar nicht wissen, was in Menschen mit diesen Diagnosen tatsächlich vorgeht, weil das jenseits jeglicher „Normalität" dieser Wirklichkeit liegt. Ich hatte Patienten mit Psychosen und Schizophrenie und als wir uns angeschaut hatten, was wirklich mit ihnen los war, auch wenn es in keinster Weise in irgendein psychologisches Erklärungsmodell gepasst hat, hat die Erkenntnis dessen ihr ganzes Leben verändert und sie erfüllten nicht länger die Normen der betreffenden Diagnose.

Zu wissen, was ist, nennt man Wahrnehmung. Es ist, als ob man den Lichtschalter betätigen würde, um zu sehen, was da ist. Wenn du das Licht anmachst, siehst du alles. Dann musst du nicht mehr auf die Glassplitter auf dem Boden deines Lebens treten und du siehst, wo das weiche Gras ist, das deinen Füßen gut tut. Um deine Wahrnehmung dessen zu erweitern, was wirklich ist, musst du Fragen stellen. Es ist notwendig, jegliche Schlussfolgerungen zu vermeiden und damit zu beginnen, deinem eigenen Wissen zu vertrauen. Es ist ungefähr so wie die Arbeit eines Detektivs. Was du herausfindest, ist weit jenseits der Möglichkeiten dieser Realität.

Die Psychologie war ursprünglich als Werkzeug dafür gedacht, dich von deinem Ego zu befreien, aber das ist eine inkorrekte Beschreibung dessen, was wirklich ist. Ist das Ego wirklich oder eine Erfindung? Ego ist ein vom Verstand erschaffenes Konzept. Die Menschen bemühen sich also, sich von etwas zu befreien, das eine Erfindung ist. So wie alle anderen Probleme. Letztendlich bemühen sich die Menschen also, sich von ihrem Verstand zu befreien, indem sie ihren Verstand benutzen, der überhaupt der Ursprung des Problems ist. Wie gut funktioniert das? Wie viele Dinge versuchst du loszuwerden, die nicht einmal wirklich sind, und gerätst damit immer tiefer in das berühmte Kaninchenloch und in deine eigenen Erfindungen?

Was wäre wenn es in der Psychologie darum gehen könnte, dich so bewusst zu machen, wie du wirklich bist? Bewusstsein ist sehr pragmatisch. Es gibt dir die Informationen, die du brauchst, um das zu erschaffen, was du wirklich ersehnst.

„Bewusstsein schließt alles ein und beurteilt nichts."
~ Gary M. Douglas

In der Pragmatischen Psychologie geht es darum, Fragen zu stellen, um herauszufinden, was ist, nicht darum, was der

Verstand *denkt,* was ist. Es geht darum herauszufinden, wer du bist, wo deine Fähigkeiten sind und was wirklich für dich möglich ist.

Bewusstsein befreit dich vom Trauma und Drama des Lebens.

Ist jetzt die Zeit, dramatisch in pragmatisch zu verändern?

Bist du bereit für das Abenteuer?

Kapitel 3

Veränderung kann leicht und schnell gehen – nicht nur für Amerikaner

Von klein auf lernen wir, dass Veränderung seine Zeit braucht und dass sie mit harter Arbeit verbunden ist. Leicht und schnell ist nicht möglich, das hält man für eine Fantasievorstellung. In Europa glaubt man, dass „leicht und schnell“ etwas typisch Amerikanisches sei, was nichts anderes als eine Beurteilung ist. Amerikaner, so meinen Europäer oft, machen alles schnell und einfach – Fast Food eben.

Die meisten Menschen sind stolz darauf, hart für ein Ziel zu arbeiten und sollte es leicht und schnell gehen, kann etwas nicht stimmen. Dann muss es unecht, wertlos und nur oberflächlich sein. Gerade als Psychologe lernt man alles über die Möglichkeiten, Veränderung für deine Patienten zu erzielen und dass das tatsächlich jede Menge Zeit und Anstrengung braucht.

Der vorherrschenden Ansicht der Psychologie zufolge ist es ihre Hauptaufgabe, den Zustand der Patienten zu verbessern. Das Ziel ist es, dafür zu sorgen, dass sie sich besser fühlen und ihre Probleme überwinden, damit sie sich wieder dem sozialen Gefüge anpassen und funktionieren können. Es gibt eine gewisse Norm, der zufolge etwas richtig oder falsch ist, vernünftig oder verrückt.

Aber wenn man sich einer Norm beugt, dann erhält man damit den Status Quo und das wiederum heißt nichts anderes, als dass man die Dinge so lässt wie sie immer waren. Das führt dazu, dass die Welt sich im immer gleichen Kreislauf dreht, ohne dass sich etwas ändert. Wir verändern die Dinge vielleicht, aber wir erschaffen nichts Neues mit dieser Einstellung. Es geht nach wie vor ums Überleben, nicht um Weiterentwicklung und Entfaltung.

Immer das gleiche, aber anders – verwende dein GPS

Während meiner Ausbildung habe ich gelernt, was ich mit einem Patienten tun muss. Ich muss das Problem erfassen und einen Begriff dafür finden, muss herausfinden, was nicht funktioniert, die Ursache des Problems entdecken und dann den Patienten dazu bringen, sein Verhalten und sein Denken zu ändern. Immer wenn ich mich daran gehalten habe, haben meine Klienten neue Dinge gefunden, die verkehrt an ihnen sind und dazu gleich die Ursachen, weshalb sie so verkehrt sind. Es hat niemals aufgehört. Es ist wie bei einem Drachen, dem man einen Kopf abschlägt, nur damit zehn weitere hässliche Köpfe aus dem Hals wachsen. Nie hat sich etwas wirklich verändert. Meine Klienten und ich haben uns immer schlechter gefühlt. Wir hielten uns für Versager, weil wir nie irgendwo angekommen sind. Wir waren gefangen in der Matrix dieser Realität. Wir haben den Wahnsinn zur Wirklichkeit erhoben, indem wir versucht haben, ihn zu verstehen. Dadurch hat sich nie etwas verändert. Es blieben immer die gleichen Probleme.

Wenn wir etwas Neues kreieren möchten, dann nutzt es nichts, unser Augenmerk darauf zu richten, was falsch an uns ist und tief in diesen Fehlern zu graben, um die Ursache dafür zu finden. Wie oft hat das bei dir funktioniert und wirklich etwas Großartigeres für dich und dein Leben erschaffen? Oder hast du dich tatsächlich nicht noch fehlerhafter und schwerer gefühlt?

Wenn du dich darauf konzentrierst, was mit dir nicht stimmt, um das in Ordnung zu bringen, dann musst du dafür dich und deine Situation bewerten, als ob das helfen würde, die Dinge zu ändern. Bewertungen erschaffen neue Bewertungen und alles, was du damit erreichst, ist ein noch tieferes Eintauchen in diese Beurteilungen. Die Menschen glauben, dass man auf diese Weise kreieren könne. Nein, unsere Bewertungen erhalten die gleichen alten Probleme am Leben.

In Beziehungen zum Beispiel neigen die Menschen dazu, den Wert ihrer Partnerschaft daran zu messen, ob der Partner oder die Partnerin sich wie gewünscht verhält. „Hat er mir diese Woche Blumen mitgebracht? Hat er den Toilettensitz wieder heruntergeklappt?" Und auch ihre Kinder bewerten sie danach, ob sie sich angemessen verhalten. Tatsächlich glauben wir, dass die Bewertungen dazu beitragen, die Dinge so einzurichten, wie wir sie haben möchten. Außer dass das eben niemals funktioniert. Dadurch wird nur noch mehr Frustration erschaffen.

Wenn wir Meinungen und Bewertungen darüber haben, dass etwas falsch ist, verhindern wir, dass wir etwas anderes, Großartigeres wahrnehmen können als das, was zu unserer Schlussfolgerung passt, von der wir beschlossen haben, dass sie der Wirklichkeit entspricht. die da lautet, dass etwas falsch ist.

Um dich selbst zu einer anderen Möglichkeit einzuladen, frage dich:

Was stimmt an mir, das ich nicht erkenne?

Diese Frage wird den Fehler-Autopiloten ausschalten und dir die Türen öffnen, um DICH zu empfangen.

Ich habe oft Klienten, die während unserer Sitzung beginnen, ihre eigene Großartigkeit anzuerkennen. Danach hatten sie dann einen Arzttermin und haben sich wieder so schlecht gefühlt wie vorher. Warum? Weil der Arzt sie als jemanden betrachtet hat, der ein Problem hat und der Fokus richtete sich ausschließlich auf die Annahme, dass etwas nicht stimmte.

Was die Klienten davon hatten, war ein noch stärkerer Glaube an das, was mit ihnen angeblich nicht stimmte. Sie glaubten, dass der Arzt recht hatte.

Wenn ich sie dann aufforderte, das Geschenk in diesem Erlebnis zu sehen, wurde ihnen bewusst, dass es eben die Ansicht des Arztes war, nicht mehr und nicht weniger und in keinster Weise real. Sie konnten erkennen, dass niemand, kein Arzt oder irgendein anderer Experte, besser wissen kann, was mit ihnen los ist als sie selbst. Und das ist genau der Punkt, wo sich die Türen zu etwas Großartigerem öffnen. Du löst dich von deinen Bewertungen und beginnst, deiner Wahrnehmung zu trauen.

Deine Wahrnehmung ist eines der wertvollsten Dinge, die du hast. Sie sagt dir zuverlässig, was dein Leben leichter und großartiger gestalten wird. Diese Wahrnehmung ist dein GPS – dein „Global Possibility System". Also dein Navigationssystem für all die Möglichkeiten in dieser Welt, die für dich da sind. Es ist so einfach. Beginne darauf zu vertrauen, dass die möglichen Wege, die sich leicht anfühlen, die genau richtigen für dich sind und geh dann in diese Richtung. In Richtung Leichtigkeit. Wenn der Weg düster und schwer wird, weißt du, es ist Zeit, die Richtung zu ändern. Wieder direkt dorthin, wo es sich leicht anfühlt. Starte dein GPS!

Wir sprechen hier von einem ganz neuen Paradigma, das so völlig anders ist, als das, was man dir beigebracht hat. Eine ganz andere Art, Veränderung und Sein in dieser Welt zu erschaffen. Also gestehe dir selbst ein wenig Zeit zu, dich dieser neuen Art des Seins zu öffnen. Nicht viele deiner Mitmenschen sind bislang damit vertraut. Die meisten Menschen um dich herum machen ihre Probleme, Bewertungen, Gedanken und Gefühle real und relevant. Was aber, wenn sie das nicht wären?

Du bist nicht deine Probleme, nicht deine Gedanken und Gefühle. Du bist so viel mehr. Du musst nicht verstehen, weshalb du Probleme hast oder was sie verursacht. Du fragst jetzt vielleicht: „Was?“ Ja. Du weißt, was möglich ist. Und was ist möglich? Es ist deine Wahl, die Ansichten und Beurteilungen anderer nicht mehr real sein zu lassen und stattdessen herauszufinden, was für dich wirklich und real ist. Wie? Das werde ich dir gleich erzählen.

Wenn du die Bedeutung loslässt, die du all dem Drama und Trauma in der Welt gibst, erlaubst du dir zu sein, was du wirklich bist und was du in deiner Welt wirklich erschaffen willst und verwirklichen willst. Leichter und schneller, als du dir vorstellen kannst. Die meisten Menschen lieben Drama und Trauma. Für sie ist das die tägliche Fernsehserie, die ihr Leben erst interessant macht. Die meisten Menschen halten lieber an ihren Dramen und Traumata fest, als frei zu sein.

Wenn du dir aber erlaubst, frei zu sein, wirst du dein wirkliches „Du“. Meine Klienten sagen mir immer wieder: „Mein ganzes Leben hat sich so sehr verändert! Ich bin nicht länger das Ergebnis von dem, was andere Leute denken und von deren Bewertungen und dem, wie alles eben zu sein hat. Ich habe ein Gefühl von Frieden und Freude in mir, das unglaublich ist. Ich gehe hinaus in die Welt und empfange alles und erlaube allem, dem Guten, dem Schlechten und dem Hässlichen mir, meinem Körper und meinem Leben ein Beitrag zu sein."

Wusstest du, dass Leute, sogar wenn sie wütend auf dich sind, ein Beitrag für dich sein können? Wie? Indem du all deine Mauern abbaust, indem du entgegennimmst, was sie dir zu sagen haben, durch dich durch fließen lässt, keine Ansicht darüber hast, wie dich ihre Worte verletzen oder beeinflussen könnten. Wütende Menschen können sehr viel Energie liefern. Wenn es dir gelingt, das nicht als schlecht zu bewerten, kannst du diese Energie als vitalisierend empfinden, sobald du deine Barrieren senkst. Probier es aus. Es macht Spaß. Und wenn du diese Haltung einnimmst, bleibt der andere nicht lange wütend.

Ja, das ist neu und anders. Und was, wenn gar nichts falsch wäre an „neu" und „anders"?

Sogar wenn niemand anderer außer dir diese Sichtweise hätte und wenn es sich für dich trotzdem leicht und bereichernd anfühlen würde, warum solltest du dann nicht diese Haltung wählen? Selbst wenn du der einzige wärst? Bist du bereit, dein Leben selbst in die Hand zu nehmen? Das Schlimmste, was passieren könnte, wäre, dass du glücklich wirst und dass du vielleicht der einzige glückliche Mensch in deiner Nachbarschaft wärst. Oder noch schlimmer, dass du zu einer Einladung für die anderen würdest, diese neue Möglichkeit in Betracht zu ziehen.

Der Reaktions-Trance-Tanz

Welchen Anteil an deinem Leben haben die Ansichten anderer Menschen, von denen du überzeugt bist, dass du nicht über sie hinauswachsen kannst? In dieser Realität wurde uns beigebracht, in bestimmten Situationen auf eine gewisse

Art und Weise zu reagieren. Wenn du etwa einen geliebten Menschen verlierst, hast du gelernt, dass du traurig zu sein hast. Wenn dein Partner seine Ex-Freundin trifft, musst du gestresst oder ärgerlich sein. Es gibt die unterschiedlichsten Mechanismen, denen wir unterliegen und die wir für normal halten. Das ist nichts anderes, als auf den Autopilot zu schalten, den wir Realität nennen. Reaktion lässt dir niemals eine Wahlmöglichkeit. Damit bist du nur immer auf der Suche, nach der richtigen Art und Weise dich zu verhalten, dich anzupassen und normal zu sein.

Wut, Traurigkeit, Angst, Schmerz… sind diese Emotionen wirklich oder eine Erfindung? Was all diese Gefühle real macht, ist die Tatsache, dass du sie für wirklich hältst, weil alle anderen es ja auch tun. Warst du jemals in einer Extremsituation? Zum Beispiel jemand stirbt, der dir sehr nahe stand, und in dem Augenblick, in dem du die Nachricht bekommst, verspürst du keine Reaktion. Dann überlegst du, was die angemessene Reaktion sein könnte und diese Berechnung erfolgt in einem Sekundenbruchteil. Augenblicklich teilst du das Universum mit dem der anderen, um zu wissen, welche Reaktion richtig und angemessen in dieser Situation ist. Vor einigen Wochen starb mein Kater. Er war viele Jahre lang bei mir und ich hab ihn sehr lieb gehabt. Als er starb, habe ich überhaupt nicht reagiert. Ich war total im Frieden mit diesem Ereignis. Ich spürte keine Traurigkeit, hatte weder Gefühle noch Emotionen. Nach einigen Minuten versuchte mein Verstand, die Situation zu erfassen und das Richtige zu tun, nämlich traurig zu sein und zu weinen. Also weinte ich eine Weile und fragte dann: „Was ist das für eine Sache, die ich Traurigkeit nenne? Ist das wirklich Traurigkeit oder etwas anderes?“ Nachdem die Antwort „etwas anderes“ mich und meinen Körper entspannte, wusste ich, dass ich auf der richtigen Spur war. Im gleichen Augenblick hellte sich meine

Stimmung wieder auf und ich war wieder ganz im Frieden und musste lachen. Ich wusste, das, was ich fälschlicherweise für Traurigkeit gehalten hatte, war Freude und Dankbarkeit für meinen Kater. Wie viel Glück hatte ich nur, dass mir so viele wunderbare Momente mit ihm geschenkt worden waren? Der Tod meines Katers hätte mir eigentlich Trauer und Schmerz bereiten sollen. Das wäre die „richtige“ Reaktion gewesen. Wäre ich traurig gewesen, hätte ich damit beweisen können, wie viel mir an ihm lag. Wenn man über den Tod eines anderen nicht traurig ist, wird man als kalt und lieblos verurteilt. Oder man wird verdächtigt, die Gefühle zu unterdrücken, was als ungesund gilt. Beides ist nur eine andere Art, dir mitzuteilen, dass etwas mit dir nicht stimmt.

Wie oft hast du gehört „Du hast keine Gefühle“, was gleichbedeutend ist mit dem Vorwurf „Du bist kalt und gemein“? Durch Gefühle möchte man beweisen, dass man in Verbindung mit anderen steht. In dem Moment, als ich herausgefunden hatte, was gerade wirklich geschah und dass ich nicht im Geringsten traurig wegen seines Todes war, sondern vielmehr dankbar für meinen Kater, konnte ich die einmalige Verbindung zwischen uns anerkennen und es bestand keine Notwendigkeit mehr, diese Verbindung durch irgendwelche Gefühle zu beweisen. Ich war mir seines Anteils an meinem Leben vollkommen bewusst und imstande, dieses Geschenk zu empfangen. Genauso wie ich mir bewusst war, welcher Beitrag ich für sein Leben war. Gedanken, Gefühle und Emotionen sind Erfindungen, die Menschen brauchen, um sich selbst als „wirklich“ und richtig in dieser Realität zu sehen und um zu beweisen, dass sie engagiert sind.

Was, wenn du dich nicht mehr „real“ machen oder anpassen oder irgendetwas beweisen müsstest? Was, wenn du einfach wissen würdest, was für ein einmaliges Geschenk du bist?

Was, wenn du einen anderen Zugang ausprobieren würdest?

Überwinde das Bedürfnis, deine Macht jemand anderem oder etwas anderem zu überlassen.

Kennst du die Stimmen, die dir einflüstern, dass du ein Problem hast und dass du niemals über dieses Problem hinwegkommen wirst? Jedes Mal, wenn du einen logischen Zugang zu deinen Problemen und deren Ursache suchst, verleihst du all diesen Stimmen Wirklichkeit. Du gibst ihnen die Macht, statt sie für dich selbst zu beanspruchen. Du machst diese Stimmen stärker und wertvoller als dich selbst. Dabei sind es nur Stimmen und Gedanken und Gefühle – wie könnten sie auch nur annähernd größer sein als du? Indem du sie größer und machtvoller als dich selbst machst, sorgst du dafür, dass deine Situation gleich bleibt und sich nichts verändern kann. Du gibst all deine Macht und all deine Fähigkeiten ab, mit denen du deine Lage hättest verändern können. Du selbst machst dich zum Resultat dessen, was du als deine Realität etabliert hast.

All diese Gedanken in deinem Kopf, die dir sagen, dass du nicht gut genug bist, dass du schlecht bist, hässlich und dass du keine Ahnung hast, was du zu tun hast, wohin du zu gehen hast oder wie du deine Probleme lösen kannst, sind Erfindungen deines Verstandes. Sie werden nur Wirklichkeit, wenn du sie dazu machst. Wie kannst du sie wieder loswerden? Das ist jetzt der Teil, wo es pragmatisch wird!

Um all diese Stimmen loszuwerden, die dir erzählen, wie schrecklich du bist und was nicht mit dir stimmt, kannst du diesen Satz etwa zehnmal sagen, wann immer diese Gedankenstimme in dein Ohr flüstert.

Sag einfach:

Geh zurück dahin, wo du hergekommen bist, und kehre niemals zu mir oder zu dieser Realität zurück.

(Go back to from whence you came, never to return to me or this reality.)

Damit erreichst du, dass du all diese Stimmen wegschickst, von denen du dich schlecht, schwach und jämmerlich fühlst und die dir erzählen, dass du keine Wahl hast. Dieser Satz führt dazu, dass du die Führung über dein Leben übernimmst und dass alles, was dich daran hindert, daraus verschwindet.

Ich weiß, dass sich das verrückt anhört, aber es funktioniert zuverlässig. (Übrigens, wusstest du, welche Bedeutungen das Wort „verrückt" noch hat: ungewöhnlich, außerordentlich, ausgefallen. Jetzt klingt es doch schon ein wenig verlockender, verrückt zu sein oder?)

Wenn Menschen glauben, dass sie Probleme haben, setzen sie sich auf den Beifahrersitz ihres eigenen Autos. Wenn du Veränderung forderst, wirst du etwas unternehmen müssen, um das zu erreichen, wonach du dich sehnst. Der Satz oben ist dazu entworfen, alles das wegzuschicken, was dich glauben lässt, du seiest ein Opfer, du hättest keine Wahl und dass dein Platz auf dem Beifahrersitz sei statt hinter dem Lenkrad.

Versuch es, was hast du zu verlieren? Tu es jetzt gleich! Sag den Satz und sag ihn zu all den Stimmen in deinem Ohr, die dir erzählen, dass du schwach bist, keine Chance hast und dass du niemals das bekommen kannst, was du dir ersehnst und dass diesen Satz aufzusagen auch nicht helfen wird.

Was wäre, wenn du viel mächtiger wärst, als du jemals anerkannt hast? Wenn du das liest, fühlt sich dann alles leichter an? Was sich leicht anfühlt, ist wahr für dich!

Wen oder was machst du mächtiger als dich selbst?

Ich habe mit einem jungen Mann gearbeitet, der mit der Diagnose Aufmerksamkeitsdefizit-Syndrom (ADS) und Zwangsstörungen zu mir kam, der Medikamente nehmen musste, als wir uns das erste Mal trafen. Sein behandelnder Arzt hatte ihm erklärt, dass er ohne die Medikamente nicht funktionieren würde. Ohne sie würde seine „Krankheit“ die Kontrolle über sein Leben übernehmen.

Ich hörte ihm zu und fragte ihn, ob er der gleichen Ansicht wie sein Arzt sei und was er wüsste. Eine Woche später kam er lächelnd und mit leuchtenden Augen in meine Praxis und erzählte mir, dass er seine Tabletten weggeworfen hätte. „Wie können diese kleinen Dinger mächtiger sein als ich?“ sagte er. „Wie konnte ich nur dem Arzt den Unsinn abkaufen, dass ich sie brauche?“ Seitdem hat er seine Tabletten nie wieder genommen und hat weder mit ADS noch Zwangsstörungen irgendwelche Probleme. Er war bereit, eine neue Perspektive anzunehmen und die Werkzeuge, sein ADS und die Zwänge zu seinem Vorteil zu nutzen.

Damit will ich dir nicht sagen, dass du jetzt all deine Medikamente wegwerfen musst. Es ist vielmehr eine Einladung an dich, Fragen zu stellen.

Was weißt du?

Was weiß dein Körper?

"Körper – brauchst du wirklich all diese Pillen?"

Viele Menschen fragen niemals ihren Körper, was er wirklich braucht. Sie glauben, dass der Arzt es besser weiß als der Körper. Also nehmen sie die Medikamente. Der Arzt aber verschreibt die Medikamente aufgrund einer allgemeinen Annahme, wie die Medikamente wirken und weniger auf Grundlage dessen, wie dein Körper funktioniert und was er braucht.

Dein Körper weiß, was er braucht. Er ist sein eigener Experte. Du kannst den Muskeltest benutzen, um herauszufinden, wonach dein Körper verlangt. Und so funktioniert der Muskeltest:

Stell dich gerade hin, die Füße zusammen und halte die Tabletten vor dich in Höhe deines Solarplexus. Dann frage deinen Körper, ob er die Tabletten jetzt haben will. Wenn der Körper sich nach vorne in Richtung Tabletten lehnt, ist das ein Ja. Wenn der Körper sich nach hinten weg von den Tabletten lehnt, ist das ein Nein. Wenn der Körper sich zur Seite lehnt, musst du genauer nachfragen. „Körper, willst du jetzt eine halbe Tablette? Oder eine ganze jetzt? Oder später? Oder eine Tablette neben dem Bett, wenn ich schlafe?“

Frag einfach weiter, bis du wahrnimmst, was dein Körper will. Je mehr du fragst, desto besser kannst du die Antworten deines Körpers und deine Wahrnehmung dessen empfangen. Spiel damit! Das Gleiche kannst du übrigens mit Lebensmitteln und Getränken machen.

Vertrau dem, was du weißt

Du hast nicht etwa zu wenig Selbstvertrauen, du hast zu wenig Vertrauen in dein Wissen. Du bist der einzige Mensch, der weiß, was für dich wahr ist. Sobald du das anerkennst und damit beginnst, dem zu vertrauen, wirst du keine Probleme mehr haben. Mehr ist nicht nötig. Fang noch heute an. Wähle das, was dich und deinen Körper entspannt, was dir ein Gefühl von Leichtigkeit gibt. Wähle etwas, von dem du weißt, dass es richtig ist und deine Welt erweitert. Und wertschätze dich so sehr, dass du diese Dinge wählst, selbst wenn alle anderen um dich herum anderer Meinung sind.

Worauf wartest du? Hast du die Ansichten anderer wertvoller als dein eigenes Wissen gemacht? Was kannst du genau jetzt wählen, das deine Wirklichkeit erweitert? Ein Spaziergang, ein feines Essen, einen lieben Menschen anrufen, mit deinem Hund spielen, mit der Katze schmusen, loslassen, was angeblich mit dir nicht stimmt und entschlossen sein, dein Leben zu verändern, koste es was es wolle?

Was in deiner Welt gibt dir eine Ahnung von dem, was du bist? Schreib all die schönen Sachen auf, die dir in den Sinn kommen, mach eine Liste und tue wenigstens ein paar Dinge davon jeden Tag. Was, wenn du deine Nummer-Eins-Priorität in deinem Leben wärst?

Es gibt viele Menschen, die behaupten, dass sie sich ein besseres Leben wünschen und dass sie ihre Probleme loswerden möchten. Tatsächlich aber ist das oft eine Lüge. In Wirklichkeit haben sie nicht das geringste Interesse daran, irgendetwas loszuwerden. Vielmehr haben sie Freude an ihrem Leid. Ich habe eine Weile gebraucht, um das festzustellen. Ich nährte die Illusion, dass die Leute wirklich meinen, was sie sagen. Ich lag ganz schön daneben. Mittlerweile frage ich vor jeder Sitzung: „Wahrheit, möchte sich dieser Mensch wirklich verändern? Wahrheit, ist dieser Mensch wirklich an einer neuen Möglichkeit interessiert und ist er bereit, sie zu empfangen?"

Ich sage „Wahrheit" vor jeder Frage, denn dadurch nehme ich wahr, ob der Mensch vor mir die Wahrheit sagt oder ob er lügt. Unsere „Geisteskrankheiten" aufzugeben, also das, wodurch sich viele Menschen definieren und begrenzen, erfordert viel Mut. Eine große Anzahl von Leuten behalten ihre „Geisteskrankheiten" lieber, weil sie sich dadurch verbunden mit dieser Realität fühlen. Geisteskrank zu sein, bedeutet, sich innerhalb des Spektrums dieser Normalität zu bewegen. Das aufzugeben dagegen katapultiert uns aus dem festgelegten Rahmen, erlaubt uns der totale Sonderling oder Freak zu sein, der wir wirklich sind – außerhalb der Begrenzungen des Status Quo.

Probleme – einfach eine Frage der Wahl

Indem ich die Frage danach stellte, ob meine Klienten tatsächlich ein großartigeres Leben anstrebten, erfuhr ich, dass in Wahrheit viele Menschen ihre Probleme und „Geisteskrankheiten" genießen. Ganz einfach, weil es für sie gut funktioniert. Es ist ganz einfach das Leben, das sie gewohnt sind, mit ihrem Selbst, von dem sie überzeugt sind, dass es real ist. Sie funktionieren gut mit ihrer Depression und ihren Ängsten. Als ich erst einmal zu dem Punkt gekommen war, an dem ich diese Haltung nicht bewertete und meine Klienten nicht zwingen wollte, sich zu verändern, wurde meine Arbeit wesentlich leichter und ich konnte ihnen die Wahl lassen, ob sie eine Veränderung wünschten oder nicht.

Viele meiner Patienten wurden sich der Tatsache bewusst, dass sie kein Interesse daran hatten, ihre Depression zu überwinden. Sie erlaubten sich diese Wahrnehmung und lernten, sich für diese Wahl nicht zu verurteilen. Das eröffnete ihnen eine neue Möglichkeit. Ein Same wurde gesät, der zu einer großartigeren Wirklichkeit heranwachsen konnte, sobald sie die Wahl trafen. Sich bewusst zu werden, dass man sich gegen Veränderung und für die Depression entschieden hat, ist ein großes Geschenk. Nichts ist falsch daran. Es ist einfach eine Wahl.

Frag dich selbst:

Wahrheit, sehne ich mich wirklich danach, meine Probleme zu überwinden?

Was hast du wahrgenommen, als du diese Frage gestellt hast? Lass uns dieses Bewusstsein nutzen, um mehr Fragen zu stellen.

Wenn du dir bewusst wirst, dass du bis jetzt nicht wirklich interessiert daran warst, deine Probleme zu lösen, dann frag:

Was ist wertvoll daran, an meinen Problemen festzuhalten?

Geht es darum, dass du auf diese Weise sicherstellen kannst, dass andere Menschen dich unterstützen? Oder geht es darum, dass du dann ganz sicher immer etwas zu tun hast? Oder kannst du so sicherstellen, dass du nie mehr sein wirst als das, was du beschlossen hast zu sein? Geht es darum, deine Wahrnehmung zu begrenzen, damit du nicht wahrnimmst, was du weißt und wozu du wirklich befähigt bist? Oder damit du dich nicht zu andersartig fühlst? Damit dein Leben nicht zu einfach wird? Damit du dir selbst versichern kannst, dass du ja eigentlich gar keine Macht hast?

Was ist es für dich? Welche dieser Fragen auch immer dich zum Lächeln oder Lachen bringen, deinen Körper entspannen, oder deine Welt ein wenig erhellen, sind ein Hinweis darauf, was wahr für dich ist.

Wenn dir erst einmal klar wird, dass es einen gewissen Wert haben könnte, an deinen Problemen festzuhalten, kannst du einen Blick ohne Ansicht oder Bewertung auf sie werfen. Was, wenn nichts falsch daran wäre, dass das Bewahren deiner Probleme in irgendeiner Weise wertvoll für dich ist?

Und vielleicht kannst du sogar darüber lachen, dass du all das wertvoller gemacht hast als du zu sein. Sind wir nicht komisch? Wir machen all diesen Unsinn realer als das, was wir wirklich sind. Unsere Spezies ist nicht die allerklügste und trotzdem denken wir, dass wir so furchtbar schlau sind.

Das Verlangen nach Veränderung

Wenn Menschen sich persönlich verändern möchten, dann meist aus einem negativen Blickwinkel heraus. Irgendetwas ist „schlecht" an ihnen und sie wollen lieber etwas, das „gut" ist. Sie bewegen sich also in der Polarität von einem Pol zum anderen, vom Schlechten zum Guten. Beide Pole besitzen eine Ladung, einer ist positiv, der andere negativ. Was aber die meisten Menschen nicht registrieren ist, dass sie ständig wie ein Pendel von einem Pol zum anderen hin und her schwingen. Mal sind sie glücklich, mal traurig und dann wieder glücklich und nichts Neues wird dabei erschaffen.

Statt um Veränderung zu bitten, fordere lieber, dass sich alles auflöst, was in deinem Leben nicht so läuft, wie es laufen sollte, damit sich etwas anderes zeigen kann.

Normalerweise bitten Menschen um etwas Positives, wenn sie sich schlecht fühlen. Aber das bewirkt nur ein Verharren in der Polarität, in der nie etwas Neues kreiert wird. Natürlich kann es vorkommen, dass du eine Weile in einer positiven Stimmung bist, während die Furcht im Hintergrund lauert, alles könnte sich wieder zum Negativen ändern, gerade so, als hättest du keine Kontrolle über die Geschehnisse. Kennst du diesen nagenden Zweifel, wann immer du dich endlich gut fühlst, dass dieses Gefühl nicht von Dauer sein kann? Genau das wird immer passieren, solange du dich innerhalb der Polarität von Gut und Schlecht bewegst. Stell es dir vor wie ein Tennisspiel. Der Ball fliegt hin und her. Was aber wäre, wenn du dieser freie Raum sein könntest, in dem plötzlich etwas völlig anderes in dein Leben tritt? Ja, das ist möglich. Lies einfach weiter.

Die Magie der Fragen. Hättest du jetzt gern ein paar Veränderungen?

Hier sind ein paar Fragen, die du täglich stellen kannst, um dir ein großartigeres Leben zu erschaffen:

„Was ist noch alles möglich, was eine völlig andere Wirklichkeit für mich generiert und kreiert? Wie wird es noch besser?"

Du kannst diese Fragen jedes Mal stellen, wenn du etwas Großartigeres möchtest. Wenn du gerade 10 Euro auf der Straße gefunden hast, kannst du fragen:

„Wie wird es noch besser als das?"

Wenn du einen Streit mit deiner Freundin hast, kannst du fragen:

„Wie wird es noch besser als das?"

Jedes Mal, wenn du eine Frage stellst, erschaffst du noch mehr anstatt aufzugeben. Mit einer Frage öffnest du die Tür für das gesamte Universum. Für all die Geschenke, die es dir zu geben hat, schönere und großartigere als du dir jemals vorstellen konntest. Fragen sind der Zauber, der dich aus dem heraushebt, was nicht funktioniert, nämlich all die Schlussfolgerungen und Bewertungen über all das, was tatsächlich wirkt. Jede Schlussfolgerung hält dich fest in dem Bewusstsein, dass da ein Problem ist. Wenn du auf diesem Weg bleibst, wird sich niemals etwas ändern. Wenn du zum Beispiel behauptest, dass du ein Problem mit Geld hast und dass du kein Geld hast, dann hast du bereits die Schlussfolgerung gezogen, die Antwort gegeben. Die nämlich, dass du Probleme mit Geld hast. Es ist in etwa so, als würdest du mit Scheuklappen durchs Leben gehen und alles, was du sehen kannst, ist die Straße, die mit Problemen gepflastert ist. Ich habe eine Freundin, die mir erzählte, dass sie Geldprobleme hat und dass sie sich kaum noch die Miete leisten kann. Sie machte sich viele Sorgen deswegen. Kein Geld zu haben, war die Schlussfolgerung, mit der sie seit langem gelebt hatte. Ich fragte sie: „Was ist jetzt noch alles möglich für dich? Was kannst du anders machen oder wie kannst du anders sein, um die Situation zu ändern? Sie antwortete: „Komisch, wenn du das fragst, fühle ich mich leichter und ich weiß, da ist irgendetwas, obwohl ich nicht einmal Worte dafür finden kann." Am nächsten Tag erzählte sie mir, dass sie sich die Frage immer wieder gestellt hatte und dass sie sich plötzlich an eine alte Versicherung erinnert hatte, die sie vergessen hatte einzufordern. Sie rief also die Versicherungsgesellschaft an und fand heraus, dass es genau der Zeitpunkt war, an dem die Summe fällig wurde und es war eine große Summe, die sie erhielt. Fragen zu stellen, erlaubt dir zu wissen, was du nicht wüsstest, solange du in der Falle der Schlussfolgerungen und Wertungen gefangen sitzt, die dich glauben lässt, dass irgendetwas falsch ist.

Auf der anderen Seite, wenn du überzeugt bist, dass etwas oder jemand perfekt ist, stellt das ebenso eine Bewertung und Antwort dar, die dich in die Falle lockt.

Es ist immer die Antwort, die dich davon abhält, Zugang zu dem zu finden, was möglich ist. Wie oft sagen wir: „Das ist der perfekte Mann, der perfekte Job…“ Solange du dieser Ansicht bist, wirst du niemals die möglichen Informationen empfangen, die dich warnen, dass der Job oder der Mann dir nicht dienlich ist, sondern dein Leben verkleinert statt es zu erweitern. Diese Schlussfolgerung nämlich verwehrt dir den Zugang zu deiner Wahrnehmung und macht dich zum Opfer für all das Verborgene, dass du nicht bereit bist zu sehen. Oft wundern sich die Menschen darüber, dass eine Beziehung sich plötzlich nicht mehr so gut anfühlt wie früher, als alles so perfekt schien. Wenn du dich aber jeden Tag fragst: *„Was ist heute möglich mit diesem Menschen oder diesem Job, das dazu beiträgt, mein Leben zu erweitern?“*, wirst du all die Informationen bekommen, die dich dazu befähigen, dein Leben so zu kreieren, wie du es dir wirklich ersehnst.

Stell Fragen! Geisteskrankheiten überwinden und herausfinden, was wahr ist.

Alles, was du tun musst, ist fragen und empfangen. Sobald du damit aufhörst, deine Probleme, Gedanken und Gefühle relevant und bedeutsam zu machen und damit beginnst, Fragen zu stellen, kannst du alles empfangen, was tatsächlich möglich ist.

Also frage ich dich: Sind Traurigkeit, Depression und Angst wirklich oder sind das alles nur Erfindungen, das die Menschen kreieren? Nur, weil du diese Gefühle fühlst, heißt das nicht, dass sie real sind. Die Menschen glauben immer, dass Gefühle wirklich sind. Aber du bist nicht deine Gefühle. Gefühle sind wie das Wetter. Würde ein Baum sich mit dem Regen verwechseln? Nein, der Baum weiß, dass Regen einfach nur Regen ist, der wieder aufhört. Wärst du bereit, die Idee aufzugeben, dass alles, was du fühlst, automatisch wahr sein muss? Wenn du sagst: „Ich fühle mich schlecht oder deprimiert.“, dann ist das eine Behauptung, die dich in dem schlechten Gefühl und der Depression gefangen hält. Und dann kann nichts anderes als das, was diesem Gefühl entspricht, in dein Universum eindringen. Es ist wie eine Mauer, die alles abhält, was in der Lage wäre, deine Situation mit Leichtigkeit zu ändern. Du hast ja bereits beschlossen, dass du traurig bist. Und lässt dich dieser Beschluss, diese Antwort leichter fühlen?

Was wäre, wenn du stattdessen fragen würdest:

Was ist das?

Was mache ich damit?

Kann ich das ändern?

Wie kann ich das ändern?

Wenn du beschließt, dass du traurig bist, kaufst du eine Lüge ein. Eine Lüge ist eine Lüge und kann nicht verändert werden. Die Fragen hier oben aber können dein ganzes Leben ändern. Bist du bereit dazu?

Diese Fragen zu stellen, öffnet die Türen zu deinem Bewusstsein, statt dich immer wieder auf die ewig gleiche Antwort hereinfallen zu lassen, dass da etwas nicht stimmt. Wenn du diese Fragen stellst, dann suchst du nicht nach einer Antwort.

Es ist genau wie in dem Beispiel mit der Freundin mit dem Geldproblem. Sie hat gefragt und wusste, dass da eine neue Möglichkeit war, ohne dass sie Worte dafür finden konnte. Die Information dazu hat sie später erhalten. Also frag und nimm das Wispern wahr. Die Ahnung der Möglichkeiten, die dich leichter werden lassen und erlaube ihnen aufzutauchen, wann immer sie auftauchen. Wann immer es Zeit dafür ist.

Bist du bereit, die Dinge aus einer neuen Perspektive zu betrachten? Bist du bereit, Fragen zu stellen, wann immer du dich traurig „fühlst“, deprimiert oder was auch immer dich düster und schwer werden lässt? Bist du bereit, all deine Schlussfolgerungen und Antworten darüber aufzugeben, wie falsch, schlecht und traurig du bist und dich stattdessen zu fragen, wessen du dir bewusst bist, das du noch nie anerkannt hast?

Wie viel von deiner Traurigkeit und Depression und Angst ist nur der Deckmantel für das Potential, das du wirklich bist? Wie viel deiner Fähigkeit und Macht zur Veränderung versteckst du unter all den Lügen, die du über dich eingekauft hast?

Wird dein Universum heller und leichter, wenn du das liest? Vielleicht magst du dir die Frage genauer ansehen und dich fragen, ob das wahr ist für dich.

Ich habe einen Freund, der seit mehr als zehn Jahren unter Migräneanfällen leidet. Er hat jede Methode unter der Sonne ausprobiert, die gegen Migräne helfen soll und nichts davon hat gewirkt. Er hatte mir gegenüber schon oft sein Leid geklagt, aber eines Tages stellte er eine Frage. Kurz davor hatte er mir wieder einmal beschrieben, wie schrecklich seine Kopfschmerzen waren.

An dem Tag, als er die Frage stellte, wurde ihm zum ersten Mal bewusst, dass da eine Möglichkeit in seinem Universum existieren könnte, seinen Zustand zu ändern. Jetzt verlangte er nach Veränderung und die Frage wurde sein Türöffner. Er fragte: „Was ist dieses Ding, das ich Migräne nenne? Kann ich es ändern?"

Ich fragte ihn: „Wahrheit, möchtest du es wirklich ändern?" Er schaute mich an und antwortete: „Natürlich will ich es ändern! Mein Kopf tut so schrecklich weh, am liebsten würde ich mich umbringen, weil ich den Schmerz nicht mehr aushalte. Ich habe alles versucht und nichts hilft!" „Ja", sagte ich, „das ist die logische Antwort. Aber statt mir zu erzählen, was du denkst, sag mir lieber, was du weißt. Wahrheit, hast du wirklich das Verlangen, deine Migräne loszuwerden?" Wieder schaute er mich an und sagte dann: „Nein." Er begann zu lächeln und sein Körper entspannte sich.

Er war völlig überrascht von dem, was ihm da bewusst geworden war und er war ganz sicher, dass er die Wahrheit gesagt hatte, denn das „Nein" brachte Leichtigkeit und Helligkeit in seine Welt und in seinen Körper. Also fragte ich weiter: „Was ist diese Migräne? Ist das, was du Migräne nennst, wirklich Migräne oder etwas anderes?" „Etwas anderes" fühlte sich leicht an für ihn. Ich fragte ihn: „Was ist das also?" Er begann zu lachen und ich fragte weiter: „Ist das, was du Schmerz nennst, tatsächlich ein Orgasmus? Hast du Schmerz mit Orgasmus verwechselt, falsch angewandt und falsch identifiziert, und Orgasmus mit Schmerz?" Er blickte mich mit großen Augen an und dann schüttelte er sich vor Lachen. Ich konnte wahrnehmen, wie sich seine ganze Welt komplett veränderte. Er wurde sich der Wahrheit bewusst. Bewusstheit sorgt dafür, dass du dich leichter fühlst.

Die Antwort kam nicht von einer kognitiven Ebene, war keine Interpretation oder Analyse. Es war einfach ein Anerkennen dessen, was wirklich vor sich ging und was wahr für ihn war. Dadurch konnte er aus seiner Opferrolle aussteigen in die Eigenmacht, die damit einhergeht, wenn man sein inneres Wissen erkennt. Und das basierte allein darauf, was sich leicht anfühlte in seinem Körper und seiner Welt.

Er wurde sich bewusst, wie viel Freude er unterdrückte und in seinem Körper verschlossen hielt. Das verursachte den Schmerz und das Leiden. Er erinnerte sich plötzlich, wann seine Migräneanfälle begonnen hatten. Es war zu einer Zeit, als er und seine Familie eine Aufenthaltsgenehmigung für Schweden bekamen, auf die sie lange hatten warten müssen. Er erkannte, dass er alles versucht hatte, um sich anzupassen und so zu werden wie die Schweden. Dazu musste er sich sehr unter Kontrolle halten, um nicht „zu viel" zu sein. Ihm wurde klar, dass er einen großen Anteil seines wirklichen Selbst abschneiden und unterdrücken musste, um nicht das fröhliche und orgastische Wesen zu sein, das er in Wirklichkeit ist.

Wie viel Intensität deines DU, deines Seins und deines Lebens versteckst du hinter Depression, Traurigkeit, Zorn, Angst, Schmerz oder irgendetwas anderem, von dem du behauptest, du könntest es nicht ändern, wie zum Beispiel Probleme mit Geld, Beziehungen oder deinem Körper? Was, wenn du die Möglichkeiten aufdecken könntest, die unter all den Lügen verborgen sind, die du dein ganzes Leben lang über dich eingekauft hast, und wenn du deine Fähigkeiten für dich und die Erschaffung deiner Wirklichkeit nutzen würdest?

Und was, wenn es weit einfacher und schneller gehen könnte, als du dir jemals vorzustellen gewagt hast!

Nun ist es soweit. Jetzt kommst *DU*.

Kapitel 4

Der Access Consciousness® Klärungssatz – Harry Potter sein

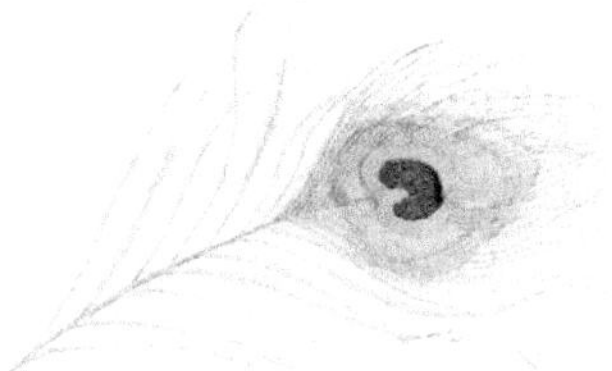

Bereit für mehr Verrücktheiten? Hier kommt dein Zauberstab. Ich habe dir ja gesagt, dass Veränderung einfach sein kann und schnell. Das Ganze nennt sich der Access Consciousness Klärungssatz:

Right and wrong, good and bad, pod and poc, all nine, shorts, boys and beyonds.®

Der Klärungssatz ist so gestaltet, dass er zu dem Punkt zurück geht, an dem du Begrenzungen erschaffen hast, die dich daran hindern, weiter zu kommen.

Er erlaubt dir, alle Begrenzungen loszulassen, zu zerstören und unzukreieren, damit dir neue Möglichkeiten zur Verfügung stehen. Dieser Satz reißt die Mauern nieder, gegen die du täglich anrennst, als wäre das die einzige Wahl, die du hast – die Mauern, die du dir selbst erschaffen hast und die dich davon abhalten DU zu sein. Der Satz ändert die Vergangenheit, damit du eine großartigere Zukunft haben kannst.

Als ich den Klärungssatz zum ersten Mal hörte, hat mein Psychologen-Verstand natürlich heftig protestiert. Da hatte ich nun sechs Jahre meinen sorgfältigen Studien gewidmet, um menschliches Verhalten zu verstehen und dann kommt da dieser Satz daher und behauptet, dass alles ganz einfach zu ändern ist? Ich war wütend. Aber tatsächlich hat sich jedes Mal etwas verändert, wenn ich den Satz benutzt habe. Nachdem ich also eine Weile protestiert hatte, bat ich meinen Verstand einen Schritt beiseite zu treten und beschloss, den Klärungssatz einfach zu benutzen. Was hatte ich schließlich zu verlieren? Meinen Verstand? Ja! Und die Freiheit, die dadurch entsteht, ist unglaublich.

Wenn du mehr über dieses einzigartige Werkzeug wissen möchtest, dann geh auf www.theclearingstatement.com.

Das Schöne an diesem Werkzeug ist, dass du es nicht verstehen musst. Du musst nicht einmal wissen, was die Worte bedeuten. Du kannst es einfach benutzen und es funktioniert.

Der Klärungssatz richtet sich an all das, was jenseits dessen liegt, was dein logischer Verstand begreifen kann. Wenn alles nur logisch wäre, gäbe es schließlich keine Probleme. Ich habe herausgefunden, dass wenn man über ein Problem spricht, es zu verstehen versucht, es zu analysieren, dann bringt einen das genau dorthin, wo der Verstand schon ist und nirgendwohin sonst. Das ist aber nicht der Ort, an dem sich deine Probleme auflösen. Der Klärungssatz trägt dich weit darüber hinaus an einen Ort, der sich jenseits deiner Gedanken und Gefühle befindet und löst auf energetischer Ebene alle Kreationen des Verstandes auf.

Wie man den Klärungssatz benutzt

Stell eine Frage über etwas in deinem Leben, das du gern ändern würdest. Bei Depressionen etwa könntest du fragen: Was ist wertvoll daran, deprimiert zu sein? Dabei könnten einige Ideen darüber auftauchen, welchen Wert Depressionen für dich haben könnten und gleichzeitig taucht auch eine Energie auf. Die Energie dessen nämlich, was den Wert für dich darstellt. Du wärst nicht deprimiert, wenn das nicht auf irgendeine Art wertvoll für dich wäre. Beachte, dass das nicht logisch ist. Wenn es logisch wäre, hättest du die Lösung schon längst gefunden und hättest keine Probleme mehr.

Indem du eine Frage stellst, erlaubst du dir den Zugang zu dem zu finden, was die Begrenzung am Leben erhält. Das geschieht jenseits deiner logischen Überlegungen und Schlussfolgerungen. Der Klärungssatz wirkt auf deine logische Überzeugung und darüber hinaus auf alles, was nicht logisch ist – um ein Problem aufzulösen.

Ich habe mit einer Frau gearbeitet, der bewusst wurde, dass der Wert ihrer Depression für sie darin lag, ihren Mann zu behalten. Die Depression diente sozusagen als Kleister für ihre Ehe. Ihre Überzeugung war: „Solange ich depressiv bin, bin ich ein Opfer und mein Mann muss für mich sorgen. Wenn ich erst einmal geheilt bin, wird mein Mann mich nicht mehr mögen und verlassen. Solange ich aber depressiv bin, kann mein Mann nicht gehen, weil er sich sonst schuldig fühlen würde." Vor der Frage war sie sich dieser Überzeugung nicht bewusst. Stattdessen dachte sie, dass sie nichts lieber hätte, als gesund zu werden und verurteilte sich selbst, weil es ihr nicht gelang. Tatsächlich aber war die Depression sehr wertvoll für sie und das wurde ihr bewusst.

Das ist ein Beispiel für den Wahnsinn, den die meisten Menschen anwenden, um ihr Leben zu kreieren. All diese Ansichten, von denen die Menschen nicht einmal wissen, dass sie sie haben, bestimmen ihr Leben. Welche Überzeugungen hast du, die dein Leben bestimmen und dich andauernd begrenzen? Alles das, alles was dazu auftaucht in deinem Universum, alles davon – all die Dinge, die du benennen kannst und all das, wofür du nicht einmal Worte findest – wirst du dir erlauben, das alles aufzulösen, zu zerstören und unzukreieren?

Du musst nur „Ja" sagen, wenn du bereit bist, die Begrenzungen gehen zu lassen. Und jetzt benutzen wir den Klärungssatz, um die Begrenzungen aufzulösen, zu zerstören und unzukreieren.

Right and wrong, good and bad, pod and poc, all nine, shorts, boys and beyonds.

Der Klärungssatz erinnert dich an das Potential, das DU bist und daran, dass du über alles Notwendige verfügst, um dein Leben so zu verändern, wie du möchtest. Wie? Indem du es wählst! Indem du Ja sagst und indem du die Wahl triffst, die Begrenzungen zu zerstören und unzukreieren und damit die Tür für eine großartigere Möglichkeit öffnest.

Lass es uns gemeinsam tun.

Worin liegt der Wert, dich als etwas Geringeres zu erschaffen als dein wirkliches Sein?

Alles was das ist, zerstörst und unkreierst du das jetzt?

Ja? Danke.

Right and wrong, good and bad, pod and poc, all nine, shorts, boys and beyonds.

Wenn du Probleme und Begrenzungen kreierst, wie sehr kreierst du dich selbst als etwas Geringeres als das, was du wirklich bist? Wie viel von dir selbst musst du aufgeben, um dich so begrenzt zu erschaffen, wie du vorgibst zu sein? Ein wenig, viel oder noch viel mehr?

Wenn du das obige Clearing oft laufen lässt, erlaubst du dir Zugang zu all den Bereichen in deinem Leben, wo du genau das mit dir machst. Dabei musst du nicht jede einzelne Begrenzung entdecken und sie auflösen. Der Klärungssatz ist wie ein riesiger Staubsauger, der alles aufsaugt, das verhindert, dass du einen sauberen Raum hast. Der Raum, der du bist. Der Raum, der dir erlaubt, deine Realität zu wählen.

Ein anderes Bild, um den Klärungssatz zu beschreiben, ist das Kartenhaus. Wenn du ein Problem hast, baust du dir dieses Problem wie ein Kartenhaus zusammen. An irgendeinem Punkt hast du dieses Problem erschaffen und nun baust du es höher und höher mit noch einer Schicht Karten und noch einer und noch einer. Du könntest jetzt damit anfangen, dir die oberste Karte deines Problems anzuschauen und sie zu untersuchen und dich dann weiter vorzuarbeiten von der Spitze bis ganz nach unten zur letzten Karte, wo du hoffst, auf die Ursache deiner Schwierigkeiten zu stoßen.

Die Ursachen für ein Problem zu erforschen, bedeutet jede Menge Arbeit, die nirgendwohin führt, außer noch tiefer in das Problem. Es ändert nichts. Ich dagegen mag es schnell und effizient. Als eine Psychologin sollte ich diese Ansicht nicht haben. Es sollte vielmehr meine Aufgabe sein, mich durch die Probleme meiner Patienten zu arbeiten. Arbeit aber war noch nie eines meiner herausragenden Talente und Fähigkeiten. Ich spiele gerne und ich habe Freude daran, die Dinge mit Leichtigkeit zu verändern und neue Möglichkeiten zu erschaffen. Der Klärungssatz ist schon eher mein Stil – schnell, einfach und ohne Nebenwirkungen.

Um beim Bild des Kartenhauses zu bleiben, mit dem Klärungssatz ziehst du die unterste Karte, das ganze Haus stürzt zusammen und du brauchst nicht einmal nachzusehen, was auf der Karte stand.

Das einzige, was du dazu brauchst ist deine Entscheidung, deine Wahl. Die Wahl nämlich, die Begrenzungen loszulassen, die du erschaffen hast. Wie kann es noch besser werden? Diese Möglichkeit zu wählen erinnert dich daran, dass du derjenige bist, der die Dinge verändern kann, dass du alles Nötige hast, um das zu erreichen und dass du es jetzt tun kannst. Noch einmal:

Worin liegt der Wert, dich als etwas Geringeres zu erschaffen als dein wirkliches Sein?

Alles was das ist, zerstörst und unkreierst du das jetzt?

Ja? Danke.

Right and wrong, good and bad, pod and poc, all nine, shorts, boys and beyonds.

Lass diesen Prozess laufen, um die Türen zu mehr von dem zu öffnen, was DU bist.

Der Klärungssatz klärt alles, was du benutzt, um dich von dem zu trennen, was dir wirklich möglich ist. Er bringt dich aus deinem Verstand und führt dich zu den Fragen. Fragen, die neue Möglichkeiten eröffnen. Der Verstand gibt dir Antworten, die dich im ewig gleichen alten Hamsterrad festhalten. Das sind all die Gedanken, Gefühle, Emotionen, Berechnungen, Wertungen und Schlussfolgerungen darüber, was du tun solltest oder nicht tun solltest, was richtig und was falsch ist und das hält die Begrenzungen aufrecht. Und es hält dich in einem konstanten Zustand des Denkens, Tuns und Einschätzens. Zugleich enthält es eine elektrische Ladung, die dich innerhalb der Polarität hält. Jenseits der Polarität zu sein, erlaubt dir den Zugang zu dem Raum, der Du bist, von dem aus zu wählen kannst, wie du dein Leben kreieren willst und das kann sich in jedem Moment ändern. Indem du den Klärungssatz benutzt, wird es dir leichter fallen Zugang zu all dem zu finden, weil der Satz die negative und positive Ladung in jedem Bereich deines Lebens auflöst.

Was ist noch alles möglich? Die Frage, die Wahl, die Möglichkeit und der Beitrag, der die Vorwärtsbewegung in deinem Leben verursacht. Wenn du die Frage stellst, die die Tür zu Großartigem öffnet, dann kannst du mehr erreichen, als du dir je hast träumen lassen und das Universum leistet seinen Beitrag dazu.

Ich benutze den Klärungssatz, wenn ich mir einer Begrenzung bewusst werde, die ich wähle aufzulösen und ich wende ihn mit meinen Klienten an.

Kapitel 5

Gedanken, Gefühle und Emotionen, um normal zu sein

Menschen definieren sich darüber, was sie über sich denken, was nichts anderes bedeutet, als dass sie sich und die Welt über ihre Gedanken und Gefühle definieren. Denken, Fühlen und Emotionen haben wird in dieser Realität große Bedeutung beigemessen, besonders in der Psychologie. Die allgemein verbreitete Ansicht ist, dass man verstehen muss, was vorgeht (das ist Denken), um Veränderung herbeizuführen und dass man etwas fühlen muss. Im Englischen bedeutet verstehen „understand" und das wiederum heißt nichts anderes als „unter etwas stehen". Und genau das geschieht, wenn man etwas oder jemanden verstehen will. Wenn du verstehen willst, ordnest du dich etwas oder jemanden unter, um herauszufinden, warum etwas oder jemand so ist. Auf diese Weise schätzt du dich geringer ein als die anderen oder das andere, das du verstehen willst. Damit trennst du Teile von dir ab, begrenzt deine Wahrnehmung und dein Wissen, um das, was geschieht, in die kleine Schachtel deines Denkens zu packen, damit du es mit deinem Verstand begreifen kannst. Die Frage ist, worin liegt der Wert, etwas verstehen zu wollen? Löst das irgendein Problem? Ändert es irgendetwas? Oder trainierst du nur deinen Verstand, bis du denkst, du bist zu irgendeiner Art von Schlussfolgerung gekommen? Du kennst das doch, wenn du etwas zu verstehen versuchst und du denkst und denkst und denkst darüber nach und außer dass alles noch düsterer und schwerer wird, geschieht nichts. Das Nachdenken ändert nichts und bringt auch keine Klarheit über das, was geschieht. Denken ist der Versuch, etwas zu ändern. Aber alles, was dabei herauskommt, ist, dass du noch tiefer in dem berühmten Kaninchenloch versinkst, wo du nach der Lösung suchst, die dich befriedigen soll, es aber nicht tut.

Es gibt Abermillionen von Gründen, warum Dinge so sind, wie sie sind, und Menschen tun, was sie tun. Du kannst dein Leben damit verbringen nachzudenken und Gründe und Ursachen zu finden und je mehr du findest, desto mehr werden entstehen.

Gedanken, Gefühle und Emotionen sind Erfindungen und keine Realität, außer du machst sie real. Tatsächlich aber leiden Menschen jeden Tag wegen ihrer Gedanken, Gefühle und Emotionen. Sie haben ihre eigenen Erfindungen in der Wirklichkeit betoniert und erfinden Geschichten, die das beweisen. Jedes Mal wenn du dir selbst erzählst, dass du traurig bist, hast du beschlossen, dass du traurig bist und dann findest du immer einen Grund, um traurig zu sein. Die Menschen sind sehr kreativ, wenn es darum geht. "Oh, mein Nachbar hat mich komisch angeschaut, ich bin sicher, dass er mich nicht mag, und übrigens, mein Hund hat mich auch grade so komisch angeschaut. Ich weiß schon, warum mich niemand mag, ich bin so ein schlechter Mensch…"

Denken, Fühlen, Sex, kein Sex sind die Mittel, mit denen du dich an diese Realität anpasst. Denken benutzt man, um zu Schlussfolgerungen zu kommen, um herauszufinden, was die richtige Wahl ist. Das ist der Ort, an dem du ununterbrochen in der Wertung bist und ständig entscheiden, schlussfolgern und berechnen musst. Das ist der Ort, an dem du wie eine Rechenmaschine funktionierst, um dich durch diese Realität zu navigieren, um alles richtig zu machen, keine Fehler zu begehen, um zu gewinnen und um sicherzugehen, dass du nicht verlierst.

Fühlen bedeutet, dass du alles, was dir bewusst ist, alles, was du wahrnimmst, in etwas umwandelst, das mit dir zu tun haben muss. Du hast eine Wahrnehmung und glaubst, das gehört zu dir und schließt daraus, dass es irgendwie relevant für dich sein muss und du machst es bedeutungsvoll.

Emotionen benutzt du, um zu beweisen, dass du ein wirkliches menschliches Wesen bist. Sehr oft sind Emotionen der Beweis für dich, dass es dich wirklich kümmert, anstatt anzuerkennen, dass es dich wirklich kümmert und diese Tatsache nicht erst bewiesen werden musst.

Sex und kein Sex sind die einzigen Gelegenheiten in dieser Realität, in denen Menschen sich erlauben, wirklich zu empfangen. Sie sagen dann, „Das ist ein Mensch, mit dem ich Sex haben werde", was nichts anderes bedeutet, als dass sie bereit sind, von diesem Menschen etwas zu empfangen. „Dieser Mensch ist so ein Verlierer, niemals würde ich mit ihm Sex haben", bedeutet dagegen, dass sie die Möglichkeit, von diesem Menschen zu empfangen, ausschalten und ebenso von allen anderen Menschen, die ihm gleichen.

Was liegt jenseits von Denken, Fühlen, Emotionen haben, Sex und kein Sex?

Sein, Wissen, Wahrnehmen und Empfangen.

Das ist der Raum, in dem du DU sein kannst, wo du alles wissen kannst, wo du alles wahrnehmen und empfangen kannst, ohne daran festzuhalten und ohne eine Ansicht darüber.

Willkommen in einer anderen Welt. Willkommen bei DIR!

Hier bist du vollkommen frei und nicht länger das Resultat der Polarität dieser Welt. Um zu denken, zu fühlen, Emotionen, Sex oder keinen Sex zu haben, musst du endlich sein und dich kontrahieren, um in diese Realität zu passen. Dann musst du all das zu deiner Realität machen, was allgemein als normal, gut oder schlecht angesehen wird. Sein, Wissen und Wahrnehmen ist der Ort, an dem du das unendliche, sich ausdehnende Wesen bist, das du wirklich bist. *Und dann bist du der Raum, in dem alles möglich ist.*

Das klingt so utopisch und weißt du was? Ich habe festgestellt, dass es möglich ist und dass es viel einfacher ist, als man sich vorstellen kann. Sein, Wissen, Wahrnehmen und Empfangen macht es viel leichter, in dieser Realität zu funktionieren und gleichzeitig gehst du über diese Realität hinaus. Die Tür dazu öffnet sich für dich in diesem Moment. Gehst du durch diese Tür hinein in die Freiheit, DU zu sein?

Wenn ich die Menschen zu dieser anderen Möglichkeit zu sein, zu wissen, wahrzunehmen und zu empfangen einlade, erzählen sie mir oft, das sei nicht möglich. Man müsse doch denken und fühlen, um funktionieren zu können und es sei notwendig zu denken und zu fühlen, um durchs Leben zu kommen und das tun zu können, was täglich gefordert ist, wie Arbeiten zum Beispiel.

Als ich in Australien bei einem Sieben-Tage-Intensiv Access Consciousness® Kurs war, öffnete sich mir die Tür zu dem Raum, der ich wirklich bin. Da waren keine Gedanken, Gefühle oder Emotionen in meinem Kopf, nur Leichtigkeit und Freude. Als ich aus Australien wieder abreiste, drückte man mir am Flughafen dieses Formular in die Hand, das ich ausfüllen musste. Ich habe mich an meinen Namen erinnert, was wunderbar war, dann wollte man ein paar Informationen von mir, die ich Gott sei Dank aus meinem Pass abschreiben konnte, aber dann sollte ich das Datum eintragen. Wie üblich konnte ich mich nicht erinnern, welchen Tag wir hatten, also schaute ich auf mein iPhone und dann fehlte noch die Jahreszahl. Wieder schaute ich auf mein iPhone, aber da fand ich keine Jahreszahl. Und so stand ich da, lachte mich kaputt, weil ich nicht mehr wusste, welches Jahr wir gerade hatten und weil es keine Bedeutung hatte.

Wenn ich psychologische Tests durchführe, dann frage ich bei der neuropsychologischen Untersuchung auch nach der aktuellen Jahreszahl, um etwas über die kognitiven Fähigkeiten des Patienten herauszufinden. Und hier stand ich nun am Flughafen, war gerade mit Pauken und Trompeten durch den Test gefallen und hatte auch noch jede Menge Spaß dabei. Also fragte ich: „Was ist noch alles möglich?“ Ich wusste, dass ich jemanden fragen könnte, „Entschuldigen Sie bitte, welches Jahr haben wir gerade?“ Ich hätte wahrscheinlich einen mitleidigen Blick geerntet. Also fragte ich wieder: „Was ist noch alles möglich?“ Und dann noch eine Frage: „Universum, bitte hilf mir mal, ich bin grad nicht besonders schlau, welches Jahr haben wir? Wie nennt man dieses Jahr?“ Im gleichen Augenblick kam die Zahl 2010 in mein Bewusstsein. Das Witzige daran war, dass mein Verstand nicht entscheiden konnte, ob die Zahl richtig oder falsch ist, aber ich wusste ohne den Hauch eines Zweifels, dass die Zahl stimmte. Und so war es auch. In diesem Moment habe ich den Unterschied zwischen Denken und Wissen verstanden. Und ich habe außerdem begriffen, dass ich jederzeit fragen kann. Ich bekomme die Information und ich weiß.

Wissen ist viel schneller und leichter als Denken, das normalerweise ein wenig Zeit braucht. Denken beruht auf Bewertungen, auf der Polarität von richtig oder falsch. Wissen ist das Empfangen von Informationen ohne jede Ansicht darüber.

Das ist die Art und Weise, wie ich meine Flugtickets buche, Hotelreservierungen veranlasse und all die anderen Dinge tue, die Teil dieser Realität sind. Ich frage: „In welchem Hotel würde ich mit Spaß und Leichtigkeit übernachten können? Welches Hotel würde mein Leben erleichtern?“ Und dann weiß ich es, ohne dass ich mir die Mühe machen müsste, darüber nachzudenken oder Hotels zu vergleichen.

Vor einer Weile buchte ich ein Hotel in Costa Rica und als ich dort ankam, fragten mich ein paar Einheimische, weshalb ich gerade dieses Hotel ausgesucht habe. Ich wunderte mich über diese Frage. Sie erzählten mir dann, dass es das beste Hotel am Strand sei, aber so gut wie niemand das weiß. Der Preis ist super und es hat den schönsten Strandzugang. Sie fragten mich, wie ich das Hotel gefunden hätte. Einfach indem ich gefragt und meinem Wissen vertraut habe. Ich hätte im Internet Hotels anschauen und vergleichen und mich anstrengen müssen, eines zu finden, von dem ich dachte, es könnte gut sein. Was ich stattdessen tat, war eine Frage stellen und meinem Wissen folgen. Wissen ist Spüren, was sich leicht anfühlt und unser Universum größer macht. Denken braucht Zeit und verursacht mehr elektrische Ladung und wenn du es zu lange tust, bekommst du Kopfschmerzen.

Sein, Wissen, Wahrnehmung und Empfangen ist uns allen möglich, wenn wir die Notwendigkeit zu denken, zu fühlen und bewegt zu sein loslassen.

Wenn wir das ganz pragmatisch betrachten, stellen wir die Frage: Ist Denken, Fühlen und Emotionen haben wirklich? Bringt es dich dahin, wo du hin willst? Gibt es dir die

Freiheit, die du dir ersehnst? Mit anderen Worten, klappt das für dich wirklich? Und gibt es eine Alternative, die du wählen könntest, mit der Denken, Fühlen und emotional sein auch nur eine Wahl ist und keine Notwendigkeit, um in dieser Realität zu leben?

Wenn ich Filme wie Avatar sehe, weine ich. Ich genieße die Gefühle und Emotionen, die auftauchen und die Wahrnehmung und das freudige Wissen um eine großartigere Möglichkeit. Alles wird mit einbezogen. Nichts wird bewertet. Die Gefühle sind eine Wahl und ich genieße sie. Ich habe nicht die Ansicht, dass sie eine Notwendigkeit sind. Sie sind eine Erfindung. Die meisten Menschen allerdings halten sie für wirklich und stellen sie niemals in Frage. Sie nehmen einfach an, dass Gefühle, vor allem schlechte Gefühle, ein Teil des Lebens auf diesem Planeten und ganz natürlich sind. Was, wenn das nicht so wäre? Hast du dich jemals gefragt, was sonst noch möglich ist? Hast du irgendwie immer gewusst, dass DU zu sein auf diesem Planeten viel einfacher und freudvoller sein kann? Ja, das kann es. Wie? Wähle es einfach. Erlaube dir selbst, die Verschiedenheit, Andersartigkeit und Abweichung von der Norm zu sein, die du wirklich bist. Was hast du zu verlieren? Du bist fähig, die Welt zu verändern. Deine Welt.

Wie man Zugang findet zum Sein, Wissen, Wahrnehmen und Empfangen

Hier sind Werkzeuge für dich:

Zu wem gehört das?

Was leicht ist, ist richtig. Was schwer ist, ist eine Lüge.

Die meisten deiner Gedanken, Gefühle und Emotionen sind nicht deine. Lässt dich das leichter werden? Frag deinen Körper. Hast du dich ein klein wenig mehr entspannt? Das meiste von dem, was du denkst und fühlst, gehört nicht zu dir. Sogar die meisten Probleme, mit denen du dich täglich herumschlägst, haben nichts mit dir zu tun. Du nimmst ganz einfach nur wahr, welche Ansichten, Gedanken, Gefühle und Emotionen die ganze Zeit in der Welt herumschwirren. Wenn du jemanden triffst, der traurig ist, weißt du, dass diese Person traurig ist, ohne dass sie es die erzählen muss. Du nimmst ihre Traurigkeit wahr. Meistens aber wirst du dir dieser Traurigkeit bewusst, hältst sie für dein Gefühl und sagst: „Ich bin so traurig." Nur weil du die Traurigkeit wahrnimmst und dir ihrer bewusst bist, heißt das nicht, das sie zu dir gehört. Was also wird mit dieser Information möglich? Wenn es irgendeine Schwere oder Düsternis in deiner Welt gibt, ein Gefühl, eine Emotion oder ein Gedanke, halte einen Moment inne und frage: „Wem gehört das?" Wenn die Schwere, das Gefühl oder der Gedanke verschwindet, war es nicht deins. Du hast es einfach nur wahrgenommen. Wenn es nicht verschwindet, kannst du dich fragen: „Wahrheit, hab ich das als meines eingekauft?" Wenn du ein Ja bekommst, weißt du, dass du daran festhältst. Jetzt hast du die Wahl, weiter daran festzuhalten oder es loszulassen. Wie? Lass es einfach los. Worin liegt der Wert, irgendwelche Gedanken, Gefühle und Emotionen als deine abzukaufen? Viele Menschen haben die Schlussfolgerung gezogen, dass nur weil sie sie wahrnehmen, sie auch etwas damit tun müssen. Sehr oft muss man gar nichts tun. Einfach die Wahrnehmung empfangen und dir selbst erlauben, sie zu genießen, egal was es ist.

Frage: *„Kann ich das ändern?"*

John Lennon hatte recht. Wenn du es nicht ändern kannst, lass es sein.

Viele Menschen versuchen, sich um andere zu kümmern, indem sie deren Gedanken, Gefühle, den Schmerz und das Leiden übernehmen. Sie nehmen all das in ihren Körper auf in dem Versuch, den anderen zu heilen. Manchmal funktioniert das sogar für eine Weile. Es kann vorkommen, dass sich der andere besser fühlt. Aber solange die Person nicht daran interessiert ist, ihre Probleme loszulassen, wird sie über kurz oder lang neue erschaffen. Und dann leiden beide.

Ich hatte einmal unter meinen Klienten ein Paar, deren Kind sich um das Leid seiner Eltern kümmerte, die aber nicht bereit waren, ihren Schmerz loszulassen. Das Kind fühlte den Schmerz seiner Eltern und begann sich als Versager vorzukommen, weil es ihm nicht gelang, sie zu heilen. Ich hatte auch Familien, in denen beide Kinder den Schmerz der Eltern übernahmen und die Eltern den Schmerz der Kinder, bis die ganze Familie sich schlecht fühlte und keine Ahnung hatte, weshalb. Erst als sie sich dessen bewusst wurden, veränderte sich alles in der gesamten Familie.

Woher weißt du, ob es deins ist oder nicht?

Was leicht ist, ist richtig. Was schwer ist, ist eine Lüge.

Das ist der Schlüssel zur Freiheit, von der du immer wusstest, dass sie möglich ist und zu der du nie Zugang hattest. Was wir von klein auf gelernt haben und wie alle Menschen in dieser Realität agieren, ist der Glaube daran, dass wenn etwas solide und schwer ist, es richtig sein muss. „Es muss richtig sein" ist eine Schlussfolgerung. Wenn etwas schwer, solide und dicht ist, wie etwa Schmerz und Leid, dann „muss es" wirklich sein. Ist das wirklich so? Was weißt du?

Was leicht ist und deinen Körper sich entspannen lässt, was dein Herz zum Singen bringt und dein Leben erweitert, das ist tatsächlich das, was wahr ist für dich. Alles andere sind Erfindungen, Lügen und Dinge, die für andere wirklich sind.

Wie hättest du dein Leben gern? Spüre die Energie dahinter. Ist sie schwer und dicht oder leicht und licht. Sehr wahrscheinlich wird es eine leichte Energie sein, falls du dir Freude und Leichtigkeit wünscht. Um ein solchen Leben zu erschaffen, wähle einfach die Dinge, die zu dieser Energie passen. Wähle, was leicht ist. Wenn du zwei Leute hast, die sich mit dir verabreden wollen oder wenn du überlegst, was du essen sollst oder welchen Beruf du ergreifen sollst, dann wähle einfach die Alternative, die sich so leicht anfühlt wie das Leben, das du haben willst. Du kannst diese Methode bei jeder Entscheidung anwenden. Sei es ob du einen Kinofilm aussuchst, deine Freunde, deine Lebensmittel, deine Lebensumstände oder was immer es ist.

Wenn du jede Wahl so triffst, dass sie der Energie deiner Realität entspricht, dann wird jede Wahl zu dem beitragen, was du erschaffst. Das ist der Punkt, an dem du dein Leben zu kreieren beginnst, statt einfach nur in dieser Wirklichkeit zu überleben.

Wenn du wahrnimmst und bewusst bist, empfängst du alles und bewertest nichts. Alles zu empfangen bedeutet, dass du keine Mauern errichtest, die dich von der Information um dich herum abschirmen. Es bedeutet, dass du die Informationen durch dich fließen lässt und du die Frage bist, was mit deinen Wahrnehmungen möglich ist. Jede Wahrnehmung kann der Beginn einer großartigeren Möglichkeit sein.

Die meisten Menschen sind überzeugt, dass es zu viel wäre, wenn sie ausnahmslos alles wahrnehmen würden. Sie glauben, sie würden überwältigt werden von all den Informationen und wollen sich deswegen schützen. Lass mich dir eine Frage stellen: Ist das wahr? Oder braucht es nicht unglaublich viel Energie, Barrieren um dich herum zu errichten und aufrechtzuerhalten, um dich zu schützen? Und gibt es tatsächlich irgendetwas, vor dem du dich schützen müsstest? Die Leute behaupten, dass es gute und schlechte Energie gibt. Nein, es gibt nur Energie. In dem Moment aber, in dem du bewertest, was du wahrnimmst und eine Energie als schlecht beurteilst, entscheidest du, dass sie dich verletzen kann. Und hast du es erraten? Deine Ansicht kreiert die Realität; nicht die Realität kreiert deine Ansicht.

Statt also total bewusst zu sein, ziehen es die meisten Menschen vor, in ihrem Verstand und in ihrem Gehirn zu bleiben, damit sie nicht erkennen müssen, was sie wissen. Sie quälen sich und unterhalten sich gleichermaßen so sehr mit ihrem Kopfkino, dass sie nicht mehr empfangen können, was ihre Körper wahrnehmen. Sie haben sich ihren Zugang verbaut.

Ich hatte kürzlich einen Patienten, einen jungen Mann, der sich sowohl mit seinen geistigen Masturbationen quält als auch viel Spaß daran hat. Er bemüht sich beständig, einen Sinn in dieser Welt zu entdecken, die für ihn tatsächlich gar keinen Sinn macht und nie gemacht hat. Er versucht zu verstehen, warum die Menschen tun, was sie tun und sagen, was sie sagen und verfolgt ihre Reaktionen auf ihn. Dieser junge Mann leidet unter dem Asperger Syndrom, aber man muss nicht unter Asperger leiden, um sich in diesem Verhalten wiederzufinden.

Er hat nie gelernt, mit dem, was er weiß und wahrnimmt, umzugehen. Seine Art, damit klarzukommen, ist die Flucht in seinen Verstand, in dem er seine eigene Welt kreiert. Es funktioniert für ihn, aber ein sehr großer Energieaufwand ist nötig, um diese Hirnmaschine am Laufen zu halten und sicherzustellen, dass niemand Zugang zu seiner privaten Welt hat. Er hat sich abgeschnitten von der Wahrnehmung seines Körpers. Körper sind Sinnesorgane, die ununterbrochen Informationen von überallher aufnehmen. Dadurch dass er sich auf sein Gehirn beschränkt, hat er eine Trennung von seinem Körper verursacht, den er nun nicht mehr genießen kann. Er erzählt, dass er die ganze Zeit in einer neutralen Stimmung ist und keine Freude empfindet. Wenn wir keine Verbindung mit unserem Körper haben, schneiden wir uns ab von all dem, was wir von allen und allem und von uns selbst empfangen können. Es ist, als würdest du dein Glas mit einem köstlichen Getränk füllen wollen, das dich erfrischen und vitalisieren würde, aber du hast den Kühlschrank abgeschlossen. Jedes einzelne Molekül wartet nur darauf, einen Beitrag für dich und deinen Körper zu leisten. Diese Verbindung zu unterbrechen, nur um ungestört und sicher ganz allein in deinem Gehirn bleiben zu können, trennt dich von all dem Vergnügen, den Möglichkeiten und kreativen Energien, die dir zur Verfügung stehen.

Das zu empfangen, was du wahrnimmst, erschafft einen völlig andern Spielplatz für dich.

Was, wenn deine Wahrnehmung kein zu verurteilender Angriff wäre?

Was, wenn es kein gut oder schlecht gäbe, nur Information, die du benutzen kannst, wie du willst? Das würde mehr Freiheit für dich bedeuten.

Ein wunderbares Beispiel ist Forrest Gump. Er lässt sich von gar nichts unterkriegen. Er kann sich mitten im Krieg befinden und alles empfangen, ohne sich eine Meinung darüber zu bilden. Er empfängt alles und kreiert sich daraus seine Wirklichkeit. Was immer er tut, tut er aus Liebenswürdigkeit und Sanftmut. In seiner Welt gibt es keine Bewertungen. Er hat nicht das Bedürfnis, irgendetwas zu beweisen. Und nichts ist bedeutsam für ihn. Die Dinge ändern sich und er lässt es zu, ohne an irgendetwas festzuhalten. Keine Form, keine Struktur und keine Signifikanz. Indem er ist, wie er ist, kommt er weiter als alle anderen. Was für ein kluger Mann! Was, wenn Wahrnehmung und Bewusstsein die neue Intelligenz wären?

Das Leben ist wie eine Pralinenschachtel…wir wissen nicht, wie es sich zeigt, aber wir können wählen, dass es sich zeigt.

Kapitel 6

Bewertungen – die Sackgasse

Bewertungen sind die Bausteine, mit denen die Menschen ihr Leben aufbauen. Mit Hilfe von Bewertungen und Beurteilungen versuchen sie herauszufinden, ob das, was sie sehen und wählen, richtig oder falsch ist, gut oder schlecht und ob sie es mögen oder nicht. Die allermeisten Menschen sehen die Welt nur durch den Filter ihrer Bewertungen.

Vor einer Weile war ich in der Oper in Wien und die Musik floss durch meinen Körper, jede einzelne Zelle mit Leben erfüllend. Der Tenor erweiterte die Welt des Publikums mit seiner Stimme. Während der Pause war ich einfach nur glücklich und dankbar für die Musik und die Sängerinnen und Sänger. Während ich ein Glas Wein bestellte hörte ich eine Frau sagen: „Naja, sein Gesang war ganz in Ordnung heute, aber mir ist aufgefallen, dass er nicht alle Noten getroffen hat." Ihre Freundin stimmte ihr zu und sie machten weiter mit ihren Beurteilungen. Wow. Ehrlich? In der Präsenz von so viel Schönheit haben diese Menschen sich für

Bewertung entschieden, für das Abtrennen jeder Möglichkeit, den Beitrag zu empfangen, den dieser Tenor und die Musik für ihr Leben und ihre Körper hätte sein können. Wie wenig liebenswürdig sich selbst gegenüber.

Jedes Mal, wenn du etwas bewertest, schneidest du dich von dem ab, was du empfangen könntest. Alles, was nicht deiner Bewertung entspricht, kann nicht in deine Welt kommen.

Die Menschen, mit denen ich arbeite, bewerten sich ununterbrochen selbst. Jedes Mal, wenn sie sich selbst betrachten, blicken sie durch die Augen der Wertung. Sie haben beschlossen und entschieden, dass sie falsch, schrecklich, wertlos oder hässlich sind. Wenn du die Ansicht hast, dass mit deinem Körper, deiner Beziehung, deiner finanziellen Situation oder dir etwas nicht stimmt, erschaffst du ein Problem. Es ist deine Überzeugung, dass da etwas falsch ist, die keinen Raum dafür lässt, etwas anderes entstehen zu lassen oder in deine Welt zu kommen.

Unrichtigkeit in jeder Form und Größe rechtfertigen die meisten Menschen oft mit Ereignissen aus der Vergangenheit: „Früher ist dies und jenes passiert, meine Kindheit war so und so." So beginnen die Geschichten, die sie über sich erzählen und die ihnen dazu dienen, ihre Probleme zu erklären, zu begründen und zu rechtfertigen und zu beweisen, dass sie sie nicht ändern können und warum ihr Leben so hart ist.

Ich höre diesen Geschichten niemals zu, kaufe sie ihnen nicht ab und erzähle sie nicht selbst. Wenn Klienten sagen: „Dies und jenes ist mein Problem, weil...", beginnen sie ihre Geschichte. Alles, was nach „weil" kommt, ist eine Rechtfertigung für das Problem, warum es richtig ist, dieses Problem zu haben und weshalb sie nicht ändern können, wovon sie behaupten, dass sie es gern ändern würden. Und genau das hält diese Menschen im ewigen Kreislauf ihres Problems fest. Wenn man diesen Geschichten zuhört und sie abkauft, bestätigt man ihnen, das sie allen Grund haben, an ihren Geschichten festzuhalten und dass sie tatsächlich das Opfer in ihrer eigenen Geschichte sind.

Was ist noch alles möglich?

Indem man Fragen stellt, ermächtigt man die Menschen, nicht ihrer eigenen Geschichte zu glauben und sich selbst als Opfer zu sehen. Fragen sind eine Einladung wahrzunehmen, was für die Veränderung, die sie ersehnen, nötig ist. Wenn meine Klienten erkennen, dass all die Gründe und Rechtfertigungen für ihre Probleme nichts anderes als Geschichten sind, die sie erschaffen haben und dass diese Geschichten nicht wirklich oder in Stein gemeißelt sind, sind sie erleichtert. Sie erkennen, dass sie selbst es sind, die die Tür zu einer völlig neuen Wirklichkeit ihrer Wahl öffnen können.

Jede Geschichte ist nur eine interessante Ansicht. Du kannst sie auf die eine oder andere Weise betrachten und abhängig von deiner Stimmung und deinem Gesprächspartner ändert sich auch deine Geschichte. Deine Vergangenheit ist so, wie du sie bewertest. Es gibt nichts, was endgültig feststeht. Es ist allein deine Bewertung, die deine Einschätzung darüber bestimmt, was du für wahrscheinlich in der Zukunft hältst. Damit machst du nichts anderes, als deine Zukunft zu kreieren, basierend auf deiner Vergangenheit und das lässt dir wenig Spielraum. Du wählst sozusagen von der Speisekarte deiner Vergangenheit.

Wie wäre es, wenn du deine Vergangenheit eine interessante Perspektive sein lässt statt einer feststehenden? Wie wäre es, wenn du deine Vergangenheit bedeutungslos sein lässt und ihr erlaubst, einfach das zu sein, was du vor diesem Moment zu tun und zu sein gewählt hast? Wie wäre es, wenn du genau jetzt wählst, DU zu sein? Wie viel mehr Möglichkeiten hättest du dann? Deine Speisekarte ist gerade dramatisch größer geworden, oder?

Viele Menschen wurden in ihrer Kindheit nicht für ihre Brillanz gewürdigt. Stattdessen wurden sie die meiste Zeit dafür verurteilt, dass sie nicht gut genug wären. Was, wenn du dich selbst so behandeln würdest, wie du als Kind hättest behandelt werden sollen, statt daran zu leiden, wie du behandelt wurdest? Würde das nicht deine Zukunft verändern?

Geschichten können Spaß machen, wenn sie deine Welt erweitern und dich inspirieren. Nicht aber, wenn du sie dazu benutzt, deine Begrenzungen zu rechtfertigen. Ich habe mit einer Frau gearbeitet, die als Teenager sexuell missbraucht worden war. Wir haben über den Missbrauch gesprochen und sie erklärte, dass sie sich nicht länger durch ihre Vergangenheit begrenzen lassen wolle. Sie hatte den Missbrauch immer als Rechtfertigung benutzt für ihr Unvermögen, das Leben zu genießen und für den Hass auf ihren Körper. Als sie das erkannte, war sie bereit, die Rechtfertigung für ihre Begrenzungen aufzugeben und meine Unterstützung dabei anzunehmen, alles zu verändern, was der Missbrauch in ihrer Welt und in ihrem Körper verursacht hatte.

Indem wir uns dem zuwandten, was durch den Missbrauch erschaffen wurde, konnte die Energie freigesetzt werden, die in ihrem Körper eingeschlossen war. Als sie eine Woche später zu unserer Sitzung kam, hatte sie ein Lächeln im Gesicht und sie erzählte mir, wie viel sich für sie verändert hatte. Plötzlich konnte sie ihren Körper genießen und sie empfand es so, als hätte es den Missbrauch nie gegeben. Er hatte keinerlei Bedeutung mehr für sie. Sie hatte ihre Vergangenheit verändert. Es war, als wäre sie ein völlig anderer Mensch. Jetzt konnte sie wählen, was immer sie sich ersehnte.

Was wählst du?

Bist du bereit, damit aufzuhören, dich selbst zu verurteilen?

Wie sehr versuchst du zu beweisen, dass du gut genug bist und nichts falsch an dir ist, indem du dir und anderen versuchst zu beweisen, wie klug du bist? Um zu beweisen, wie klug du bist, musst du dich ununterbrochen bewerten. Du musst dich ständig beobachten, um herauszufinden, ob du schlau genug bist oder nicht. Alles, was dabei herauskommt, sind rauchende Köpfe. Eine andere Bewertung, die Menschen oft benutzen, ist der Versuch zu beweisen, wie dumm sie sind, um nicht erkennen zu müssen, wie klug sie in Wirklichkeit sind.

Jeder Mensch entwickelt seine eigene Art, sich so lange zu bewerten, bis er keinen Zugang mehr hat zu den Fähigkeiten, die ihm eigentlich zur Verfügung stünden. Die Großartigkeit zu sein, die du bist, würde bedeuten, dass du dir vollkommen erlaubst, DU zu sein. Vollkommenes Erlauben ist der Ort, an dem du alles empfängst und nichts bewertest. Es ist der Ort, an dem du nichts mehr verstecken musst, weder vor dir noch vor anderen, weil du der Meinung bist, dass irgendein Teil von dir zu hässlich ist, um ihn sehen zu lassen. Jede Hässlichkeit wird zu einer interessanten Ansicht. Es ist einfach nicht mehr wirklich. Nur eine interessante Ansicht.

Lass uns mit diesem Werkzeug spielen. Nimm irgendetwas, das du an dir selbst nicht magst, das du falsch, schrecklich und hässlich findest. Jetzt sag zu dieser Ansicht: „Das ist eine interessante Ansicht, dass ich diese Ansicht habe." Jetzt stell dir diese Ansicht wieder vor und sag noch einmal: „Interessante Ansicht, dass ich diese Ansicht habe" und spüre, wie es sich jetzt anfühlt…und sage es noch einmal: „Interessante Ansicht, dass ich diese Ansicht habe". Und jetzt wirf wieder einen Blick auf deine Ansicht. Ändert sie sich? Bei all den Ansichten und Bewertungen über dich, die du schon seit langem mit herumschleppst, kann es sein, dass du diesen Spruch etwa zwanzig Mal oder noch öfter sagen musst. Sag ihn solange, bis du irgendwie erleichtert bist oder du beginnst, dich zu entspannen. Manche Menschen beginnen, bei dieser Übung zu lachen, weil sie entdecken, wie komisch es ist, solche Ansichten zu haben und wie erleichternd es ist, sie loszulassen. Du kannst dieses Werkzeug bei allem benutzen, was sich schwer anfühlt. Du kannst es bei deinen eigenen Ansichten anwenden und bei denen anderer. Zum Beispiel wenn jemand behauptet, du hättest etwas falsch gemacht oder wärst nicht gut genug, sag in deinem Kopf: „Interessante Ansicht, dass er oder sie diese Ansicht hat", bis du erkennst, dass ihre Meinung nichts als eine Ansicht ist und keine Realität.

Ich hatte einen Klienten, dessen Frau ihn aller möglichen Dinge beschuldigt hat. Was immer er auch tat, es war falsch. Er fühlte sich furchtbar und glaubte, dass all ihre Eheprobleme seine Schuld wären. Er versuchte alles, um es seiner Frau recht zu machen. Ich gab ihm das Werkzeug „Interessante Ansicht" an die Hand und er benutzte es jedes Mal, wenn seine Frau ihn verurteilte. Dann ließ er seine Barrieren fallen und sagte in seinem Kopf so lange „Interessante Ansicht, dass sie diese Ansicht hat" (nicht sarkastisch), bis ihre Ansicht für ihn nicht mehr real war.

Er konnte annehmen, was sie ihm vorwarf und das verkürzte ihre Lektionen gewaltig, denn sie fühlte sich ebenfalls angenommen und musste nicht mehr beweisen, dass sie recht hatte.

Wenn all die Ansichten dieser Welt nur noch interessante Ansichten wären, hätten Bewertungen keine Bedeutung mehr. Sie wären nicht mehr relevant.

Es handelt sich dabei nämlich um nichts anderes als um die Bemühungen der Menschen, sich selbst als wirklich zu sehen und anzupassen. Wenn du dir selbst erlaubst, anders zu sein und nicht versuchst, dich den Ansichten anderer anzupassen, öffnet sich dir die Tür zur freien Wahl. Dann kannst du alles und alle als interessante Ansicht annehmen und als

Information, um dein Leben zu gestalten. Das ist der Punkt, wo das Leben pragmatisch wird statt kompliziert.

Wahl ist, wenn du die Richtung in jedem Moment ändern kannst. Wenn du dich gerade über jemanden geärgert hast, kannst du neu wählen. Möchtest du dich weiter ärgern oder möchtest du lieber gehen und stattdessen einen Spaziergang im Park machen? Was, wenn du nie länger als für die nächsten zehn Sekunden wählen müsstest? Du ärgerst dich für zehn Sekunden, die zehn Sekunden sind vergangen und du kannst etwas anderes wählen. Wenn du zum Beispiel gerade deine Kinder angeschrieen hast und dich furchtbar deswegen fühlst: Statt dich schlecht zu fühlen, könntest du die Wahl, die du getroffen hast, ohne Wertung annehmen und deinen Kindern sagen: „Es tut mir leid, ich war gerade ein elender Vater oder eine elende Mutter. Bitte verzeiht mir." Und dann machst du weiter. Diese zehn Sekunden, in denen du gewählt hast, deine Kinder anzuschreien, sind vorbei. Du hast deinen Kindern damit keinen Schaden zugefügt. Du hast ihnen nur vorgeführt, dass du manchmal eine Wahl triffst, die nicht unbedingt erweiternd für dein Leben ist und dass es nicht notwendig ist, diese Wahl zu bewerten, weil da immer die Möglichkeit besteht, weiter zu gehen und neu zu wählen. Sich nicht schlecht zu fühlen, ist das größte Geschenk, das man für seine Kinder sein kann, um sie dazu zu inspirieren, sich in der Zukunft nicht für die Entscheidungen zu verurteilen, die sie treffen werden.

Wahre Schöpfung resultiert nicht aus der Bewertung von richtig und falsch, sondern aus der Frage und der Wahl und einer neuen Wahl. Wahl kreiert Bewusstsein.

Viele Menschen verwechseln Bewertung mit Wahrnehmung.

Der Unterschied zwischen einer Wahrnehmung und einer Bewertung ist die Energie. Eine Bewertung trägt eine

Ladung, die entweder positiv oder negativ ist. Eine Wahrnehmung dagegen trägt keine Ladung, sie ist leicht. Eine Wahrnehmung sorgt dafür, dass du dich leicht fühlst. Bewertungen fühlen sich schwer an. Wenn du etwa denkst, dass jemand gemein ist, frage, ob es eine Wahrnehmung oder eine Bewertung ist. Sogar jemandes Gemeinheit anzuerkennen, fühlt sich leicht an, wenn es eine Wahrnehmung ist. Das Wunderbare daran ist, dass du deine Wahrnehmung als Informationsquelle nutzen kannst. Du könntest dann erkennen, dass es sich um einen Menschen handelt, mit dem du nicht unbedingt zu Abend essen willst. Bewusstsein inkludiert alles und bewertet nichts, nicht einmal Gemeinheit. Eines Tages, als ich gerade zur Arbeit gehen wollte, wusste ich plötzlich, dass ich zu Hause bleiben sollte, aber ich wusste nicht warum. Am nächsten Tag hörte ich, dass ein bewaffneter Mann meine Kollegen im Büro bedroht hatte. Als ich darüber nachdachte, stellte ich fest, dass die Wahrnehmung, die mich dazu brachte, zuhause zu bleiben, leicht war und keine positive oder negative Ladung hatte, obwohl es sich doch um eine Bedrohung gehandelt hatte. Meinem Wissen zu vertrauen und mich nicht dafür zu verurteilen, dass ich an dem Tag zuhause blieb, hatte mein Leben definitiv leichter gemacht.

Erfindungen des Verstands

Jeder Ärger, den du empfindest, fütterst du mit Energie und machst ihn wirklich.

Du benutzt deine Energie, deine Zeit und Kreativität, um deine Verstimmungen real werden zu lassen und Beweise dafür zu finden, dass sie größer sind als deine Fähigkeit, sie zu ändern. Betrachte deinen Alltag, um herauszufinden, wie viele Ärgernisse du an einem einzigen Tag hast. Mit deiner Familie, mit deinem Körper, mit Geld, mit deiner Arbeit…Jedes Mal, wenn es an Leichtigkeit fehlt, was ja dein wirklicher

Seinszustand ist, erschaffst du ein Ärgernis und machst das zu deiner Wirklichkeit. Was für ein großartiger und glorreicher Erfinder du bist! Du erfindest deine Ärgernisse jeden Tag in jedem Moment, nur um so normal und real zu sein wie alle anderen. Was, wenn du dein Talent zum Erfinden und deine Kreativität nutzen würdest, um etwas zu erschaffen, das für dich funktioniert?

Wie viele deiner Ärgernisse, die tatsächlich Wahrnehmungen sind, hast du nicht anerkannt und in Bewertungen verdreht, die Schwierigkeiten in deinem Leben verursachen? Wenn du kein Wort von dem verstanden hast, was du gerade gelesen hast, ist das total angemessen. Lach einfach und nicke mit dem Kopf. Das tun wir Fremdlinge immer, wenn wir etwas nicht verstehen und höflich sein wollen. Nicht zu verstehen ist genau der Zustand, in den wir geraten wollen. Denn das ist der Punkt, an dem du nicht länger von den Begrenzungen deines Verstandes aus kreierst und dich deinem Wissen öffnest, was manchmal so erscheint, als würdest du plötzlich gar nichts mehr verstehen. Genieße das Nicken. So etwas zu hören oder zu lesen und es nicht zu verstehen, mag dich vielleicht wissen lassen, dass das dein Thema ist. Wenn es dein Thema ist, versteht dein Gehirn es nicht mehr, weil es über sein Verständnis hinaus geht. Das ist genau der Punkt, an dem du über deine Begrenzungen hinaus gehen kannst. Sorg dich nicht, sei glücklich und dankbar und lies einfach weiter.

Wenn du zum Beispiel bemerkt hast, dass dich jemand bestiehlt, hast du Informationen bekommen, die du zu deinem Vorteil nutzen kannst. Frag dich selbst, was du wählen möchtest, um dein Leben einfacher zu machen. Würdest du gern mit der Person sprechen oder würdest du gern alles auf sich beruhen lassen oder was sonst könntest du wählen, um dein Leben zu erweitern? Diese Wahrnehmung zu empfangen, lässt dich wissen, dass du eine Wahl hast.

Wenn du bemerkst, dass dich jemand bestiehlt, du dich aber dafür verurteilst und sagst: „Ich muss mich irren, was für ein furchtbarer Gedanke. Dieser Mensch würde mich doch niemals bestehlen…“, dann verdrehst du eine Wahrnehmung in einen Gedanken und in eine Bewertung und kreierst eine Erfindung, die wiederum ein Ärgernis in deiner Wirklichkeit verursacht.

Lass uns den Klärungssatz einsetzen, um das zu verändern!

Wie viel von deiner Wahrnehmung verdrehst du in Gedanken, Gefühle und Emotionen?

Alles das, was mit dieser Frage aufgetaucht ist, zerstörst und unkreierst du das jetzt?

Right and wrong, good and bad, pod and poc, all nine, shorts, boys and beyonds.

Ich empfehle dir sehr, dieses Clearing oft anzuwenden, um Zugang zu deiner Wahrnehmung zu erhalten und dich von allem zu befreien, was du real gemacht hast, obwohl es nicht real ist. Ich meine damit, dass du diesen Satz laut oder in deinem Kopf sagst und ersetze einfach das „Du“ in dem Satz mit einem „Ich“.

Das Nächste ist die Verteidigung der Erfindung. Sobald du etwas erfunden hast, verteidigst du es. Zum Beispiel, wenn du die Ansicht erfunden hast, dass niemand dich mag, dann wirst du diese Erfindung verteidigen, indem du nach Beweisen dafür suchst. Du wirst auf andere Menschen projizieren, dass sie dich nicht mögen, du wirst ihre Gesichter auf Zeichen hin untersuchen, dass sie dich nicht leiden können, du wirst in ihre Köpfe einpflanzen, dass sie dich nicht mögen und sie werden es dir beweisen, indem sie dich meiden oder gemein zu dir sind.

Kannst du sehen, wie das funktioniert? Es ist wahnsinnig.

Und alles ist nur eine Erfindung.

Wie kannst du das ändern?

Indem du dir dessen bewusst bist. Indem du dir mehr und mehr bewusst wirst, dass all die Ärgernisse in deinem Leben nur eine Erfindung sind. Die Wahl, all das gehen zu lassen, ist alles, was nötig ist, um das zu verändern. Um dir das noch leichter zu machen, kannst du diesen Prozess immer und immer wieder laufen lassen:

Welche Erfindung verwende ich, um den Ärger zu kreieren, den ich wähle?

Alles das, zerstörst und unkreierst du das jetzt?

Right and wrong, good and bad, pod and poc, all nine, shorts, boys and beyonds.

Kapitel 7

Symptome, die zur Diagnose führen – und wo bist du?

Symptome in Kategorien zusammenzufassen nennt man Diagnose. Das ist die gängigste Methode, Ordnung in Sachen geistiger Gesundheit zu schaffen. Menschen sind so komplex in ihrem Denken und Verhalten, dass das ein Chaos kreiert und ein Bedürfnis, Ordnung in dieses Chaos zu bringen.

Es gibt so viele Regeln, wie man sich verhalten sollte und was richtig und was falsch ist, dass sich viele Menschen verloren fühlen und verzweifelt alles tun, um es richtig zu machen und akzeptiert zu werden, um angepasst zu sein.

Das Diagnosesystem sind Referenzpunkte, um bewerten zu können, was normal und richtig ist und was nicht normal ist. Das Ganze ist eine Erfindung, die sich jedes Jahr ändert. Dieses System wurde konzipiert, um Sinn in etwas zu bringen, das tatsächlich keinen Sinn macht. Die meisten Menschen fühlen sich „falsch" und dann bekommen sie den Beweis dafür, wie falsch und krank sie sind, wenn sie dann endlich ihre Diagnose bekommen. Andere wiederum nutzen ihre Diagnose als Ursache und Rechtfertigung für ihre Überzeugung, dass sie ihr Leben nicht in den Griff bekommen. Das zu ändern und dabei all unsere Referenzpunkte und Definitionen über uns selbst loszulassen, bedarf großen Mutes.

Diagnosen waren nie eine große Unterstützung für meine Arbeit. Ich erkenne, wie unterschiedlich jeder einzelne Patient ist. Ein Patient kann gleichzeitig in mehrere Diagnosen passen, ein anderer passt in keine einzige. Jedes Mal, wenn ich mein Diagnosebuch zu Rate gezogen habe und tatsächlich eine passende Diagnose gefunden hatte, war ich niemals sicher, was ich damit eigentlich erreicht hatte. Ich habe die Symptome kategorisiert. Gut. Und jetzt? Was mache ich mit dieser Information?

Während ich diesen Text schreibe, stelle ich fest, dass es mir schwer fällt, nicht gleichzeitig über mehrere Themen zu schreiben. Denn es gibt so viel, das ich sagen möchte, so viele Dinge, die ich entdeckt habe, die sich vollkommen von der derzeitigen Psychologie unterscheiden. Ich möchte alles gleichzeitig schreiben. Ich bin sicher, dafür gibt es auch eine Diagnose. Tatsächlich bin ich gleichzeitig hyperaktiv, aufmerksamkeitsgestört, autistisch, zwangsgestört und Psychologin. Außerdem wirke ich völlig normal (was immer das ist).

Beachte, dass ich gesagt habe „ich bin" hyperaktiv...Es gibt einen Unterschied zwischen eine Diagnose zu haben und eine Diagnose sein. Eine Diagnose haben bedeutet, dass man Symptome hat, die einer spezifischen Kategorie zugeordnet werden können. Diese Kategorien kann man in den Büchern nachlesen, die bei jedem Psychologen im Bücherregal stehen. Sie sind lediglich Erfindungen. Hyperaktiv zu sein, bedeutet, dass man über Fähigkeiten verfügt, die sich unter diesen sogenannten Diagnosen verstecken. Ja, das ist korrekt, ich habe das Wort „Fähigkeiten" benutzt. Ich werde später in diesem Buch untersuchen, welche Fähigkeiten das sind.

Ich saß in vielen Vorträgen und habe viele Bücher gelesen, die sich mit dem Thema ADHS, ADS, Autismus und anderen mentalen Diagnosen wie Störungen oder Defiziten befassen. Haben diese Menschen wirklich eine „Behinderung"? Oder sind sie nur anders? Wenn wir näher hinschauen, können wir die Möglichkeiten wahrnehmen und annehmen, die dahinter liegen.

Was weißt du, das du dir nicht erlaubt hast zu wissen? Wenn du darüber hinausgehst, was richtig und wirklich in dieser Realität ist und was zu glauben man dir antrainiert hat, was weißt du dann tatsächlich über die Möglichkeiten für dich und diese Welt? Oft benutzen Menschen, die eine Diagnose bekommen haben, dieses Etikett, um zu beschreiben, wer sie sind. Sie erschaffen sich selbst den Symptomen entsprechend, die als ihre „Diagnose" zusammengefasst wurden und damit bestätigen sie wiederum die Ansichten der anderen über sie und damit deren Realität. Sie machen sich ein Bild von sich selbst, das auf den Begrenzungen ihrer Diagnose beruht. Ich habe das bei so vielen Patienten in der Psychiatrie gesehen. Mit dem Etikett „Depression" wurden sie noch depressiver, weil sie damit eine Ursache und eine Rechtfertigung für ihr deprimiert sein hatten. Sogar Theorien funktionieren wie Diagnosen. Sie sind nichts anderes als Strukturen und Antworten, die dir erzählen, was richtig und was falsch ist und welchen Weg du einschlagen musst. Du nimmst dein Leben und passt es der Theorie an, um es zu erklären und zu verstehen. Du benutzt sie als Referenzpunkte, um die Lösung zu finden. Aber in der Lösung ist die Falle versteckt. Du benutzt eine Antwort, um dein Leben zu erklären und das nimmt dir deine Eigenmacht.

Eine Antwort entmachtet.

Eine Frage ermächtigt.

Wie kann eine Theorie oder eine Diagnose mehr über dich wissen als du selbst?

Ich lade dich dazu ein zu wissen, was du weißt, statt anderer Leute Ansichten für wertvoller als dein Wissen zu halten. Was, wenn du sein könntest, was du BIST, statt dich in die Schublade zu quetschen, die die Diagnose als Realität bezeichnet?

Kapitel 8

Der Raum, der du bist – es ist seltsam, es ist verrückt, aber es funktioniert

Wie viel schwieriger, als es sein müsste, machst du dein Leben? An wie vielen deiner sogenannten Probleme hältst du fest, weil es eben das ist, was alle tun in dieser Realität? Du musst ein Problem haben, um wirklich zu sein. Jeder hat schließlich eines, weshalb also du nicht? Wer wärst du denn, wenn du nicht zumindest ein oder zwei Probleme hättest? Hast du beschlossen, dass du zu anders, zu seltsam wärst, wenn du dir nicht irgendein Handicap erschaffen würdest, das dich in der gleichen Begrenzung hält wie alle anderen?

Das Leben ist wie ein Golfspiel. Es geht nur um dein Handicap. Wirklich? Ist das wirklich deine Realität? Was machst du zu deiner Realität, das gar nicht real ist? Denk daran: Das, was sich leicht für dich anfühlt, ist wahr. Was sich schwer anfühlt, ist eine Lüge. Ein Werkzeug, das du für jedes Thema benutzen kannst. Wenn du wissen möchtest, ob etwas eine Erfindung und nicht wahr ist, nimm die Energie davon wahr. Wenn sie leicht ist, handelt es sich um etwas, was dir bewusst ist. Ist sie schwer, handelt es sich um eine Lüge – die Wahrnehmung oder Ansicht eines anderen.

Jetzt schau dir dein Leben an und nimm all die Bereiche wahr, in denen du Schwere kreierst und frag: „Ist das alles real oder eine Lüge, die ich abgekauft habe?“ Beachte, dass sich dein Universum aufhellt. Diese Information wird normalerweise nicht genutzt, denn in dieser Realität ist es wertvoller, Probleme zu haben, sie wirklich zu machen und herauszufinden, warum man sie hat, als einfach eine Frage zu stellen und die Situation zu ändern. Alles, was du tun musst, ist eine Frage zu stellen und das Licht des Bewusstseins einzuschalten, um zu wissen, was notwendig ist, um die Lage zu ändern.

Es ist so einfach, dass du jetzt vielleicht sagst: „Das gibt es doch nicht, das wäre viel zu leicht. Wenn das möglich wäre, hätte mir das doch schon mal jemand gesagt.“ Wie wäre es, wenn du damit beginnst, deinem Wissen zu vertrauen und nicht dem, was dir als Realität präsentiert wurde?

Frage dich: „Was ist es, was ich darüber weiß?“ Wenn etwas richtig und wahr für dich ist, dann weißt du es ohne jeden Zweifel. Es ist gar nicht nötig, deinen Verstand zu benutzen, um darüber nachzudenken oder einen Beweis dafür zu finden. Du weißt es einfach. Die Ansicht, dass etwas nicht so einfach sein darf, macht dich leichter oder schwerer? Leichter bedeutet, dass du dich ein bisschen entspannst, so als würdest du aufatmen. Das ist das Zeichen dafür, dass es wahr für dich ist, nicht als kognitive Erkenntnis, sondern aus einem Wissen heraus, das größer ist als alles, was dein Verstand denken kann.

Was ist da noch in deinem Kopf, das dir ein Gefühl der Schwere gibt? Wie viel von dem, was tagtäglich in deinem Kopf herumgeht, lässt dich schwer werden? Wie viele deiner Gedanken laufen auf Autopilot und drehen sich im Kreis, ohne dass du sie stoppen kannst und das macht dich verrückt?

Würdest du das gern ändern? Würdest du gern herausfinden, wer du wirklich bist, ohne das Wirrwarr in deinem Kopf?

Hier ist sie, die Information, die man dir schon vor langer Zeit hätte geben sollen: Neunundneunzig Prozent deiner Gedanken, Gefühle und Emotionen *sind gar nicht deine*. Sie gehören nicht dir. Sie sind vielmehr Informationen, die du von anderen Menschen oder von der Erde auffängst. Ich hab dir ja gesagt, dass es seltsam ist.

Dich zu verändern und mehr DU zu sein, bedarf deiner Bereitschaft, alles gehen zu lassen, was für dich bisher nicht funktioniert hat, und die Türen dem gegenüber zu öffnen, was vielleicht seltsam und eine ganz andere Welt ist, die dir aber die Freiheit gibt, DU zu sein. Du kannst versuchen, die Gedanken in deinem Kopf zum Stillstand zu bringen, aber das geht nicht. Es gibt keinen Aus-Schalter. Wenn du versuchst, dich mit all den Gedanken in deinem Kopf zu entspannen, funktioniert das auch nicht. Wie viele Techniken und Methoden hast du schon ausprobiert, die nicht geholfen haben? Und weshalb funktionieren sie nicht? Die meisten dieser Techniken stimmen mit der Vorstellung überein, dass diese Gedanken wirklich sind und zu dir gehören. Jede Vorstellung, der du zustimmst und auf die du dich ausrichtest, machst du real und sie bleibt bei dir. Alles, dem du zustimmst und dich anpasst, und alles, dem du Widerstand entgegensetzt und auf das du reagierst, wird wirklich für dich und du wirst zu dessen Resultat. Das gleiche gilt für deine Gedanken und Gefühle.

Betrachte das Meer. Egal ob es regnet oder schneit oder die Sonne scheint, das Meer ist immer gleich, welcher Sturm auch immer aufkommt. Es gilt genauso für die Bäume. Die Bäume sind der Frieden, der sie sind, vollkommen gleichgültig, wie das Wetter ist. Verwechseln sie das Wetter, den Sturm, den Regen, den Schnee, die Sonne mit dem, was sie sind.? Menschen dagegen verwechseln regelmäßig ihre Gefühle (das Wetter) mit dem, was sie sind. Sie sagen: „Ich bin traurig“ oder „Ich bin wütend“. Das ist dasselbe, als würde ein Baum sagen: „Ich bin der Schnee“ oder „Ich bin der Regen“. Was, wenn du dir des Raums bewusst wärst, der du bist, des Friedens, der du bist, und jedes Mal, wenn du ein Gefühl oder einen Gedanken wahrnimmst, dann frage: „Wem gehört das?“ Ich sage es noch einmal: Neunundneunzig Prozent deiner Gedanken und Gefühle sind einfach nur Informationen, die du von anderen Leuten oder der Erde aufgeschnappt hast. Ja. Du bist ein riesiger Wahrnehmungsorganismus. Wenn du das anerkennen würdest, wäre dein Leben so viel einfacher. Diese Anerkennung würde neunundneunzig Prozent von dem eliminieren, was in deinem Kopf vorgeht. Aber tu das lieber nicht! Du wärst so friedvoll wie die Bäume oder das Meer. Du wärst so anders, dass die Leute dich fragen würden, was mit dir nicht stimmt, weil du dich nicht mehr wie üblich aufregst. Friedvoll zu sein, gilt als falsch in dieser Realität. Das gilt auch für fröhlich sein. Ich hatte eine Patientin, die bipolar war und einige Sitzungen mit mir hatte. Danach hatte sie einen Termin mit ihrem Arzt, der einigermaßen verwirrt war und ihr erklärte, dass sie die Kriterien für die Diagnose Bipolarität nicht mehr erfüllte und dass das unmöglich sei. Man darf doch nicht so einfach seine Diagnose los werden. Sie erzählte ihm, wie glücklich sie ist und dass ihr Leben jetzt voller Freude sei. „Sind sie auf Drogen?“, fragte er.

Interessant, wie die Dinge hier laufen.

Also, was würdest du gern wählen? Herumlaufen und anderer Leute Gedanken und Gefühle aufschnappen und als deine betrachten oder lieber fragen: „Wem gehört das?“ Wenn du diese Frage jedes Mal stellst, wenn du dich schwer fühlst, ohne lange analysieren zu müssen, was in dir vorgeht, das nicht einmal deines ist, erhellt sich deine Welt und erlaubt es dir, den Raum wahrzunehmen, der DU bist. Es bedarf der Übung. Stell die Frage drei Tage lang bei jedem auftauchenden Gedanken und Gefühl. Nach diesen drei Tagen bist du eine wandelnde Meditation.

Du wirst damit beginnen und dann wirst du es eine Weile vergessen, bis es dir plötzlich wieder einfällt. Keine Sorge. Stell die Frage einfach so oft du daran denkst. Du wirst überrascht sein, wie viele von den Problemen, die du für deine gehalten hast, nicht das Geringste mit dir zu tun haben.

Ein Patient mit ADHS suchte mich auf, weil er Probleme mit seiner Ängstlichkeit und Sozialphobie hatte. Er erzählte mir, wie schwer es für ihn sei, mit anderen Menschen zusammen zu sein, weil er dann Angst bekomme. Ich fragte ihn, wie viel er von den Gedanken, Gefühlen und Emotionen der anderen Leute aufschnappt und für seine hält. Er schaute mich mit leuchtenden Augen an und antwortete: „Das macht vollkommen Sinn, es fühlt sich absolut wahr an, auch wenn es nicht logisch ist. Es ist, als hätte ich das mein ganzes Leben lang gemacht. Und ich habe mich ununterbrochen schlecht gefühlt. Was auch immer ich versuchte, ich konnte die Situation nicht verändern. Das ist so eine erstaunliche Information. Ich fühle mich wie ich selbst, wenn ich darüber spreche.“

„Ja, weil du dieser Raum bist, der dein wahres Wesen ist. Alles andere sind Erfindungen, die du wahrnimmst. Sie sind nichts als Lügen und Dinge, die nicht deine sind und die du deswegen auch nicht verändern kannst“, antwortete ich.

„Es ist, als würde sich gerade mein ganzes Leben verändern, während wir darüber sprechen. Ich dachte, ich wäre abartig und geisteskrank – und wow, es sieht so aus, als hätte ich mich getäuscht."

Du nimmst auch sehr viel davon wahr, was mit der Erde geschieht. Du wirst vielleicht einiges von den Veränderungen bemerkt haben, die derzeit mit der Erde vorgehen. Veränderungen beim Klima und beim Wetter. Frag dich selbst: „Wie viel von dem, was mit der Erde geschieht, nehmen mein Körper und ich wahr?" Wie sehr hat sich dein Universum bei dieser Frage aufgehellt? Du und dein Körper und die Erde sind verbunden. Wenn das Wetter wechselt, wie oft hat dein Körper das schon wahrgenommen, bevor es passiert? Ob es nun das psychologische „Wetter" oder das Wetter draußen ist, du und dein Körper bemerken, was geschieht.

Du und dein Körper nehmt auch wahr, was die Erde von euch braucht. Wenn du irgendwelche körperlichen Schmerzen hast, dann frag, ob die Erde etwas von dir braucht.

Das hat bei einer Frau geholfen, die zu mir kam, weil sie ein Thema mit ihrer Wut hatte, das sie loswerden wollte. Eines der Dinge, die während unserer Sitzung hochkamen, war die Erkenntnis, dass sich eine Menge Energie in ihrem Körper angestaut hatte, die sie fälschlicherweise für Wut gehalten hatte, die sie unterdrücken musste. Als wir die Frage stellten: „Was braucht die Erde von dir?", wurde plötzlich alles leichter. Ich bat sie, ihre Arme auszubreiten und all die Energie zu sammeln, die die Erde von ihr und ihrem Körper verlangte und dann ihre Hände nach vorne schnalzen zu lassen, um die gesammelte Energie in die Erde zu schicken. Sie wiederholte das ungefähr zwanzig Mal und war hinterher vollkommen im Frieden mit sich. Sie erkannte, dass sie Raum und Frieden ist. Ihre Wut war nichts anderes als die Bitte der Erde an sie, ihr einen Beitrag zu leisten, und die zu hören sie sich geweigert hatte.

Wenn du in einen Raum kommst, in dem kurz zuvor gestritten wurde, ohne dass du darüber Bescheid weißt, wirst du trotzdem wissen, dass irgendetwas nicht stimmt. Du weißt, dass etwas geschehen ist. Warum? Weil du die ganze Zeit die Energie um dich herum wahrnimmst!

Der Punkt ist, wenn du die Frage stellst: „Wem gehört das?“, dann musst du nicht länger das in dich aufnehmen, was gar nicht deines ist. Du musst die Last nicht länger tragen, die niemals deine war, und du kannst frei sein und damit beginnen, dein Leben so zu erschaffen, wie du es wirklich haben willst.

Das ist ein Werkzeug, das ich meinen Klienten immer mitgebe und diejenigen, die wählen, es zu verwenden, berichten mir immer wieder, wie überrascht sie sind, wie viele von ihren Problemen nicht das Geringste mit ihnen zu tun haben. Um wie viele Probleme anderer Leute sie sich versucht haben zu kümmern, indem sie sie in ihren Körpern und Köpfen eingeschlossen haben.

Wie sehr versuchst du, andere zu heilen, indem du ihre Gedanken und Gefühle, ihren Schmerz und ihr Leid in dich aufnimmst? Funktioniert das für dich? Oder endet es immer damit, dass du dich schlecht fühlst und die anderen immer nur neues Leid und neuen Schmerz kreieren?

Welche Kreation der Schmerzen und des Leids verwendest du, um die Realität der anderen zu bestätigen und deine eigene Realität zu entwerten, wählst du?

Alles das, zerstörst und unkreierst du das jetzt?

Right and wrong, good and bad, pod and poc, all nine, shorts, boys and beyonds.

Jedes Mal, wenn du Schmerz und Leid wählst, bestätigst du diese Realität und machst deine eigene Realität zunichte! Ist es jetzt an der Zeit, damit zu beginnen, DICH zu wählen?

Kapitel 9

Ablenkungen – Wut und Schuld

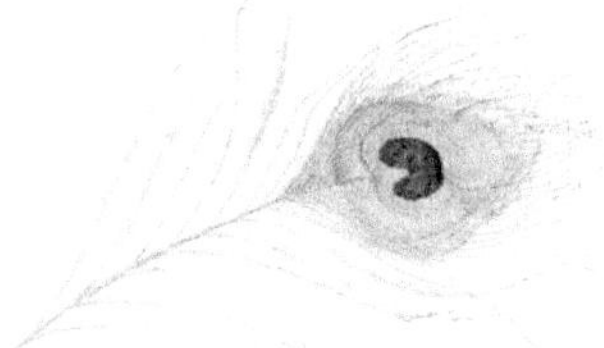

Zorn und Wut sind Ablenkungsimplantate. Sie halten dich gefangen und flüstern dir ein, dass du keine Wahl hast. Es sind die Dinge, die die Menschen niemals in Frage stellen. Man nimmt einfach an, dass das Leben eben so und nicht anders ist und dass das auch so sein soll. Die meisten Menschen stimmen darin überein und passen sich an, dass Wut und Schuld Tatsachen sind und absolut real. Sie verbringen viel Zeit mit dem Versuch, damit umzugehen. Sie fragen nie, ob Wut oder Schuld tatsächlich existieren.

Der Versuch, damit umzugehen oder hart daran zu arbeiten, funktioniert nicht, weil diese Gefühle nicht real sind. Implantate sind alles, wo du übereinstimmst und dich anpasst, ebenso wie alles, dem du Widerstand leistest und worauf du reagierst. All das trägt zu der Energie bei, sie real werden zu lassen. Wenn wir zum Beispiel miteinander spazieren gehen würden und ich sage: „Schau mal den da an, schau dir sein Gesicht an, der ist wütend.“ (Während die betreffende Person gerade kurz vor einem gewaltigen Niesen ist.) Wenn du mir zustimmst und sagst: „Du hast recht, er ist so zornig", dann wurdest du soeben mit einer Ansicht implantiert. Wir beide haben gerade gemeinsam etwas erfunden, das gar nicht der Wirklichkeit entspricht.

Ablenkungsimplantate scheinen ein Problem zu sein, sind es aber nicht. Viele Menschen aber haben die Ansicht, dass Wut ein Problem ist und so versuchen sie, sie sich selbst und anderen auszureden. Wie gut klappt das meistens?

Warum Ablenkungsimplantate?

Diese Implantate sind die Ablenkung von dem, was gerade tatsächlich vorgeht.

Sie lenken dich ab von der Wahrnehmung, dem Sein, dem Wissen, dem Spüren und dem Annehmen, was möglich ist. Wenn du versuchst, ein Problem oder ein Thema in den Griff zu bekommen oder aufzulösen, wie zum Beispiel Schuld, dann geht das nicht, indem du das Thema Schuld ansprichst oder damit umgehen willst. Wie oft hat das für dich funktioniert? Und wie beständig ist die Schuld oder kehrt immer wieder zurück? Es ist, als würdest du nach deinem Schlüssel in Schweden suchen, wenn du ihn in Deutschland verloren hast. Du wirst ihn niemals in Schweden finden, auch wenn du jahrelang dort nach ihm suchst.

Ablenkungsimplantate sind die Lügen dieser Realität. Du kannst eine Lüge niemals ändern. Es wird immer eine Lüge sein. Sie ist immer dort, wo die Menschen dir erzählen: „Dies und jenes ist mein Thema". Und sie tragen dieses Thema ihr ganzes Leben lang mit sich herum, weil sie beschlossen haben, dass es ihr Thema ist. Sie stimmen überein damit und passen sich an diese vermeintliche Tatsache an und gleichzeitig gehen sie in Widerstand und Reaktion dazu und tauchen damit tiefer und tiefer in das Problem. Nichts anderes und nichts Großartigeres kann dadurch in ihr Bewusstsein kommen.

Ich hatte eine Patientin, die mich aufsuchte, weil sie überzeugt davon war, dass sie ein Problem mit ihrer Wut hatte und dass sie hart daran arbeiten müsse, ihr Problem loszuwerden. Es gab jede Menge Menschen, die ihr immer wieder erzählten, was für eine wütende Person sie doch sei und dass sie wirklich ein großes Problem damit habe und dass sie unbedingt die Hilfe eines Psychologen brauche. Da saß sie also, schaute mich an mit ihrem ganzen Groll und versuchte mich mit aller Macht davon zu überzeugen, was für ein wütender Mensch sie ist. Sie verwendete ihren Körper und ihre Stimme auf eine Art und Weise, die mir hätte Angst machen sollen. In dem Bewusstsein, dass ihre Wut nicht das Problem ist, hatte ich all meine Barrieren fallen lassen, um sie zu unserer ersten Sitzung zu treffen. Weder stimmte ich mit ihrer Ansicht über ihr Wut-Problem überein noch passte ich mich daran an. Ich ging nicht in Widerstand zu ihrem Verhalten mir gegenüber noch reagierte ich darauf. Sie war überrascht. Nie zuvor war ihr jemand begegnet, der keine Ansicht über sie hatte und ihr vollkommen zugestand zu sein, was sie ist, obwohl sie bereits entschieden hatte, was für ein schrecklicher Mensch sie ist. Ihre Verwunderung darüber, so von mir angenommen zu werden, brachte sie dazu, sich zu fragen, was hier passierte, und öffnete ihr die Tür zu einer anderen Möglichkeit, die ich ihr präsentieren konnte.

Wir begannen unsere gemeinsame Reise damit, dass sie ihre Wut anzunehmen begann, indem sie all die Bewertungen und Widerstände dagegen losließ. Das veränderte ihre Ansicht darüber und erlaubte ihr, all das loszulassen, wofür sie sich selbst verurteilt hatte. Der Raum öffnete sich, in dem sie Zugang zu sich selbst auf eine völlig neue Art und Weise bekam. Unter all dieser Wut, die sie ihr Leben lang real gemacht hatte, lag dieses ungeheure Potential: Eine starke kreative Frau, die man ihr ganzes Leben lang dafür verurteilt hatte, anders und unabhängig zu sein. Sobald sie diese Lüge entlarvt hatte, die sie Wut und Zorn genannt hatte, konnte sie annehmen, wozu sie wirklich fähig ist, und das Geschenk erkennen, das sie ist. Was sich danach zeigte, war wirklich erstaunlich.

Es stellte sich heraus, dass diese Frau tatsächlich völlig anders war, als sie sich jemals hatte vorstellen können. Sie veränderte ihr ganzes Leben, ihre Karriere, ihre Lebensumstände und ihr Sein.

Überall dort, wo wir in Widerstand gehen, reagieren, übereinstimmen, uns an etwas anpassen, eine Ansicht darüber haben, ob etwas richtig oder falsch ist, begrenzen wir unsere Wahrnehmung dessen, was vor sich geht, und wir begrenzen unsere Fähigkeiten, das zu verändern, was wir möchten. Wenn wir einfach alles als interessante Ansicht betrachten, gibt das uns die Freiheit, die wir sind. Tatsächlich kann jedes Ding richtig oder falsch sein, abhängig davon, wer es beurteilt: Kultur, Alter, vergangene Erfahrungen, usw. Wenn wir all das als interessante Ansicht betrachten, erlaubt uns das zu entspannen, wenn all die als kostbar und real erachteten Bewertungen ihre Bedeutung und Wichtigkeit verlieren.

Das ist der Raum des Annehmens, in dem alles nur noch eine interessante Ansicht ist, alles ist inkludiert und nichts wird bewertet. In diesem Raum fand meine Klientin Zugang zu der Möglichkeit, sich selbst anzunehmen und ihre Reise zu sich und zu ihren Fähigkeiten anzutreten. Hier begann der Prozess, der zu einer vollkommenen Veränderung ihres Lebens und ihrer Realität führte. Mit jeder weiteren Sitzung erhöhte sie ihre Bereitschaft, die Lügen über die Wut und die Begrenzungen loszulassen, sich den Möglichkeiten zu öffnen und dankbar für das zu sein, was sie ist. Dankbarkeit ist ein entspannter Zustand, in dem wir annehmen, was ist und was war und die freudige Erkenntnis der Möglichkeiten.

Anstatt also darauf abzuzielen, den Zorn, den Hass, die Wut, die Schuld und die Scham in deinem Leben oder in der Therapie in den Griff zu bekommen, wäre ein wesentlich effektiverer Ansatz der, anzunehmen was ist und zu entdecken, wovon uns diese Implantate ablenken. Wie geht das? Die wirksamste Einladung für andere, mehr sie selbst zu sein, ist, wenn wir mehr von uns selbst sind. Sei DU und verändere die Welt.

Die Ablenkungsimplantate sind dazu konzipiert, uns zu Ansichten zu nötigen und diese zu kontrollieren, um unsere Wahlmöglichkeiten zu begrenzen. Wut und Schuld sind perfekt, um andere zu kontrollieren und um von anderen kontrolliert zu werden. Wenn jemand uns etwas vorwirft, ohne eine Frage zu stellen, laufen üblicherweise beide Seiten auf Autopilot. Beide fühlen sich schlecht und es gibt keinen Ausweg. Wenn so etwas in deinem Leben auftaucht, dann sei dir bewusst, dass es sich um eine Lüge handelt, eine Ablenkung von dem, was wirklich möglich ist, von dem Potential und der Macht und dem Sein, das du wirklich bist. Wenn du alle Ablenkungsimplantate loslässt, erlaubst du Leichtigkeit und unendliche Wahlmöglichkeiten in deinem Leben. Ohne Wut, Schuld und Scham – wie könnten andere dann noch in der Lage sein, dich zu kontrollieren? Wenn wir alle wären, wer wir wirklich sind, müsste sich dann nicht diese Realität verändern?

Frag dich selbst:

Welche Macht und welche Fähigkeit bin ich nicht bereit zu sein und anzunehmen, die ich hinter der Wut verstecke?

Was bin ich nicht bereit zu sein, was ich unter der Schuld und der Scham verstecke?

Fühlst du dich leichter, wenn du diese Fragen stellst? Öffnet sich irgendwo in deinem Universum ein Wissen darüber, dass es großartigere Möglichkeiten gibt?

Ich habe mit einer sehr gut aussehenden jungen Frau gearbeitet, die darunter litt, dass sie jedes Mal rot wurde, wenn jemand sie ansprach. Sie erzählte mir, dass die Männer sie begehrten und das machte sie so verlegen, dass ihr jedes Mal die Röte ins Gesicht stieg, wenn sie sich unterhalten musste. Sie versuchte Augenkontakt zu vermeiden, aber immer, wenn andere sie ansahen, ging sie verschämt davon. Das führte zu einem Gefühl der Traurigkeit und des Versagens. Sie war sehr verstört.

Ich fragte sie also: „Was bist du nicht bereit zu sein und anzunehmen?" Sie sah mich überrascht an und sagte: „Lust. Und die Tatsache, dass die Männer, die mich ansehen, mit mir schlafen wollen." „Also bist du nicht bereit, die Energie anzunehmen, die sie dir entgegenbringen?", fragte ich.

„Ja, bin ich nicht", sagte sie.

„Also errichtest du eine Barriere dagegen, diese Energie zu empfangen?"

„Ja."

„Was hat es damit auf sich? Was bist du nicht bereit zu sein"

„Naja, ich will kein Flittchen sein", antwortete sie.

„Nicht bereit, ein Flittchen zu sein, bringt dich dazu, die Barrieren hochzuziehen und diese Energie nicht anzunehmen. Immer, wenn du nicht bereit bist, das zu sein, was du bist und es abwehrst, beschneidest du dein Sein und hinderst dich daran, die Energie anzunehmen, ebenso wie die Menschen, die diese Energie besitzen. Hast du beschlossen, dass es falsch ist, ein Flittchen zu sein?"

„Oh ja!", sagte sie.

„ Dann lass mich dir eine Frage stellen: Wahrheit, würde es dir Spaß machen, wenn du dir erlauben würdest, ein Flittchen zu sein?" Sie brach in hemmungsloses Lachen aus und ihr Körper entspannte sich. Das war ein sehr eindeutiges „Ja". Wenn du nicht bereit bist, das zu sein, worüber du entschieden hast, dass es falsch ist, hinderst du dich daran zu sein, was du sein kannst und was du empfangen kannst. Es geht nicht darum, dass du ausgehst und mit jedem ins Bett steigst. Es geht darum, dass du dir erlaubst zu empfangen, das sexuelle Wesen zu sein, das du wirklich bist, Spaß zu haben und dich und die anderen, die dich begehren, zu genießen. Und wie viel mehr Geld könntest du kreieren, wenn du dir erlauben würdest, alles und alle, die dich begehren, zu empfangen?"

Ich bat sie, die Energie zu spüren, wie es wäre, ein Flittchen zu sein, und all die Lust anzunehmen, die Männer ihr entgegenbringen, all ihre Barrieren zu senken und all das in seiner ganzen Intensität mit jeder Zelle ihres Körpers anzunehmen. Sie war überrascht und glücklich über das, was da auftauchte: Die Erkenntnis, wie viel Energie sie verbraucht hatte, um sicherzustellen, dass sie nichts annehmen konnte, was sie als falsch bewertet hatte. Und die Intensität dessen, was ihr tatsächlich zu sein und anzunehmen möglich ist, und das Glück und die Freude, die sich in ihr breit machten waren unglaublich. Sie blühte auf und genoss es, wenn die Leute sie ansahen, hatte eine vollkommen andere Verbindung zu ihrem Körper und keine Ansicht mehr darüber, ob sie nun rot werden würde oder nicht.

Diese Ablenkungsimplantate sind es, die dich davon ablenken, was tatsächlich geschieht. Wenn du sie einmal entdeckt hast, kannst du sie als Ablenkungsimplantate identifizieren und dich fragen, ob du die Lüge, du hättest ein Problem, gern weiter glauben möchtest oder ob du lieber die Frage stellen würdest, was tatsächlich vor sich geht.

Ablenkungsimplantate sind die Antworten, die dich in eine Sackgasse führen. Eine Antwort entmachtet, eine Frage ermächtigt dich und öffnet die Türen zu einer anderen

Möglichkeit.

Das nächste Mal, wenn etwas sich schwer anfühlt, frag dich, ob gerade ein Ablenkungsimplantat die Regie in deinem Leben führt. Sag einfach in Gedanken zu dir selbst: „All die Ablenkungsimplantate, die gerade Regie führen und alles, was darunter verborgen ist, zerstöre und unkreiere ich." Dann verwende den Klärungssatz:

Right and wrong, good and bad, pod and poc, all nine, shorts, boys and beyonds.

Du hast ihnen ja erst einmal zugestimmt, dich nach ihnen gerichtet, gegen sie Widerstand geleistet und auf sie reagiert. Wenn du das konntest, dann hast du auch die Macht, sie ungeschehen zu machen.

Frag dich:

Was ist tatsächlich möglich, das über die Ablenkungsimplantate hinausgeht?

Wovon lenkst du dich mit den Ablenkungsimplantaten ab, das du sein und empfangen könntest?

Wie viel von deinem Potential, dem unendlichen Wesen, das du bist, der Freude und der Leichtigkeit versteckst du unter diesen Implantaten, um dich selbst davon zu überzeugen, dass du so normal und wirklich bist, wie du glaubst, sein zu müssen?

Was ist dir möglich zu sein und zu empfangen, das du nicht anerkannt hast?

Kapitel 10

Verteidigung – Du in deinem Schloss

Seine eigene Ansicht zu verteidigen und die Rechtmäßigkeit und die Unrichtigkeit dessen, was die anderen Menschen denken und fühlen, ist ein Großteil dieser Realität. In den meisten Unterhaltungen kannst du hören, wie du und andere ihre Position und Ansicht verteidigen. Du kämpfst für dein Recht auf das, was auch immer du als Wirklichkeit und Wahrheit beschlossen hast zu sehen. In der Verteidigung liegt keine Freiheit. Sie hält dich in einem konstanten Zustand des Urteilens und Kämpfens. Es hält dich beschäftigt und paranoid und in Erwartung des Angriffs.

Welche Standpunkte verteidigst du?

Die Standpunkte einer Frau, eines Mannes, einer Mutter, einer Tochter, eines guten Menschen, eines schlechten Menschen, eines Armen, eines Reichen?

Was hast du beschlossen zu sein, das du immer weiter verteidigst, als ob es dir schließlich Zugang zu dir selbst geben würde?

All das, zerstörst und unkreierst du das jetzt?

Right and wrong, good and bad, pod and poc, all nine, shorts, boys and beyonds.

Über die Jahre habe ich so viele Menschen getroffen, die mir von ihren Problemen erzählt haben und dass sie sie gern überwinden würden. Stattdessen verteidigen sie sie wieder und wieder, indem sie mit immer neuen Ursachen und Rechtfertigungen aufwarten, weshalb sie Probleme haben und warum es so schwer oder nicht möglich ist, sie zu überwinden. Wann auch immer so etwas auftaucht, bist du dabei, deine Probleme zu verteidigen.

Was verteidigst du noch?

Dass das Leben schwer ist? Dass es nicht möglich ist, Geld mit Leichtigkeit zu kreieren? Dass dein Körper schmerzt, wenn du älter wirst? Das alles sind Verteidigungspositionen.

In der Psychologie lernen wir, dass Verteidigung gesund und notwendig ist. Es gibt Theorien über alle Arten von Verteidigungssystemen und wie schädlich sie sein können. Aber sie sind auch Anzeichen von Anpassung. Die Frage ist: Möchtest du dich an diese Realität anpassen oder möchtest du DU sein, selbst wenn das bedeutet, dass du als nicht normal in dieser Realität angesehen wirst? Anpassung oder die Freiheit, DU zu sein?

Die Freiheit, DU zu sein, bedeutet nicht, dass du in die Klapsmühle kommst. Sonst wäre ich schon längst dort. Stattdessen arbeite ich dort und ich verändere die Realität, indem ich ICH bin, jenseits der Anpassung an diese Realität. Wie? Wenn du DU bist, jenseits aller Verteidigungsmechanismen gegen dich, dann bist du eine Einladung für Veränderung statt Kampf. Wenn ich mit Patienten arbeite, lade ich alle zu den Möglichkeiten jenseits dieser Realität ein, ohne sie zur Veränderung zu zwingen. Auf diese Weise bin ich der Katalysator für eine andere Zukunft.

Was immer du verteidigst, wird zur Begrenzung, die du nicht überwinden kannst. Wenn du beschlossen hast, dass du jeden Tag zur Arbeit gehen musst und dass du nicht genug Geld hast, wirst du diese Ansicht jeden einzelnen Tag verteidigen und dich selbst davon überzeugen, dass du absolut recht hast mit deiner Meinung.

„Siehst du, noch mehr Rechnungen! Siehst du, kein Lotto-Gewinn! Siehst du, ich habe den Bonus dieses Jahr wieder nicht bekommen…“ oder was immer es für dich ist.

Schau dir dein Leben an. *Wo verteidigst du deine Begrenzungen, die dich in deinem Keine-Wahl-Universum festhalten?*

Alles das, zerstörst und unkreierst du das jetzt? Danke.

Right and wrong, good and bad, pod and poc, all nine, shorts, boys and beyonds.

Was immer du verteidigst, eliminiert jede Wahl und Möglichkeit.

Was immer du verteidigst, kannst du nicht ändern. Wenn du deine Probleme verteidigst, seien es körperliche, finanzielle oder psychologische oder was immer du als deine Probleme definierst, hast du diese Erfindung bereits verfestigt, so dass du das Problem immer weiter verteidigst und dafür sorgst, dass es bleibt, wie es ist, ohne jemals in der Lage zu sein, es zu ändern.

Wenn du aus deiner Verteidigungsstellung herauskommst, dann erlaubst du dir neue Möglichkeiten. Also verwende den Prozess immer weiter.

Du musst nicht dein ganzes bisheriges Leben analysieren, um herauszufinden, wo du etwas verteidigst. Es genügt, wenn du diese Frage stellst:

Welche gewählte Position verteidige ich, die ich in Wahrheit ablehnen könnte, die, wenn ich sie ablehnen würde, mir die Freiheit, ich zu sein, geben würde?

Das wird Bereiche ans Licht bringen, in denen du etwas verteidigst, alles, was in deinem Bewusstsein ist und alles, was nicht in deinem Bewusstsein ist. Alles, was du benennen kannst und auch die Begrenzungen, die du nicht benennen kannst. Stell einfach die Frage und erlaube, dass die Energie sich zeigt, die automatisch all die Abwehr aufzeigt, die du in deinem Leben wählst. Dann sag einfach:

All das zerstöre und unkreiere ich jetzt.

Right and wrong, good and bad, pod and poc, all nine, shorts,boys and beyonds.

Mach das so oft du kannst, einige Wochen lang, damit du so viele Schichten wie möglich klären kannst. Während dieser Zeit wirst du dir mehr als jemals zuvor all der Bereiche bewusst werden, in denen du wählst, irgendeine Position zu verteidigen. Du wirst in jeder Situation bemerken, wann und wo du die Verteidigung wählst. Sobald du dir dessen bewusst bist, kannst du es ändern. Verurteile dich also nicht, wenn dir klar wird, wo du überall die Verteidigung wählst.

Wie sehr verteidigst du die Ansicht, dass du ein Problem hast, damit du als normal angesehen wirst, weil jemand, der kein Problem hat, nicht normal und gar nicht möglich ist? Bist du dir bewusst, dass in dieser Welt die Menschen wie selbstverständlich davon ausgehen, dass es ganz normal ist, ein Problem zu haben? Und wenn du keines hast, erschaffst du dir eines, damit du Teil des „Normal"-Teams sein kannst. Ich erlebe das jedes Mal mit meinen Klienten. Es geht ihnen von Tag zu Tag besser, sie genießen das Leben, alles beginnt sich so zu entwickeln, wie sie es sich immer gewünscht haben. Und wenn sie kurz davor sind, in etwas noch Großartigeres zu explodieren, kreieren sie sich irgendein Problem, um die Position zu verteidigen, dass man ein Problem haben muss, damit sie weiter mit der normalen Realität verbunden bleiben. Musst du mit dieser Realität verbunden sein? Oder kannst du dir ihrer bewusst sein, alles einbeziehen und deine eigene Wirklichkeit erschaffen?

Versuchst du, normal zu sein, indem du mürrisch bist und Probleme hast? Normal zu sein, heißt, dass du nicht die ganze Zeit glücklich und gut gelaunt bist. Wenn du die ganze Zeit glücklich und gut gelaunt wärst, würden dich die Leute fragen, ob du verrückt bist. Normal sein passt in die normale Standardabweichung plus/minus zwei auf der Skala. Das ist ein statistisches Modell für Normalität, die man Bell-Kurve nennt. Der Nullpunkt ist der Zustand, in dem sich die meisten Menschen befinden. Zwei Punkte in der Standardabweichung rechts zeigt an, dass du über dem Durchschnitt bist. Zwei Punkte links zeigt an, dass du unter dem Durchschnitt bist. Wenn du dich und deinen Zustand in diesem Bereich wiederfindest, egal ob zwei Punkte über oder unter dem durchschnittlich glücklichen Zustand, giltst du immer noch als normal.

Viele Menschen mögen dieses Spiel. Wenn sie eine Phase in ihrem Leben haben, in der sie über dem Glücks-Durchschnitt liegen, bemerken sie, dass sie auf dem Weg sind, aus der Skala herauszufallen, was ihnen dann nicht mehr normal vorkommt. Also kreieren sie sich ein Problem, was bedeutet, dass sie schnell unter den Glücks-Durchschnitt zurückfallen können. Sie schaffen sich ein Problem, um den Erfolg, den sie hatten, wieder auszugleichen. Das gleiche gilt für Geld, Geschäft oder alles andere. Wir haben gelernt, dass wir nicht zu erfolgreich sein dürfen, weil wir sonst tief fallen.

Wie wäre es, wenn du aus der Norm fällst? Wie wäre es, wenn du die totale Abweichung in allen Bereichen deines Leben sein könntest?

Verteidigst du dich dagegen, es zu einfach im Leben zu haben? Wenn du jetzt lächelst, stimmt das offensichtlich für dich. Dein Körper lässt es dich wissen. Körper sind so bewusst.

Du würdest dieses Buch wahrscheinlich nicht lesen, wenn du nicht daran interessiert wärst und nicht die Sehnsucht nach mehr Leichtigkeit hättest.

Die Menschen erschaffen sich Probleme, indem sie die Vergangenheit rechtfertigen und verteidigen und damit die Zukunft kreieren. Jedes Mal wenn du etwas sagst wie: „Das letzte Mal, als ich in dieser Situation war, ist es nicht gut ausgegangen…“ oder „In meinen früheren Beziehungen wurde ich betrogen und deswegen habe ich ein Problem damit, anderen zu vertrauen…“, verteidigst du die Vergangenheit, um deine Zukunft zu kreieren. Nichts anderes oder Großartigeres als das Vergangene, das du zu überwinden versuchst, kann dadurch erschaffen werden.

Wie sehr versuchst du zu beweisen, wie nett du bist und dass du niemandem weh tun willst? Wie viel von deiner Zeit und Energie verwendest du darauf zu lächeln und deine Worte und Taten zu zensieren, um zu beweisen, dass du ein guter Mensch bist? Das ist nichts als die Verteidigung dagegen, gemein und böse zu sein. Bist du wirklich gemein und böse? Oder hast du irgendwo und irgendwann beschlossen, dass, wenn die Leute herausfinden würden, wie seltsam du wirklich bist, sie schreiend davonrennen würden und du dann ganz allein dastehen würdest? Ist es nicht an der Zeit, diese verrückte Ansicht loszuwerden?

Zerstörst und unkreierst du das jetzt? Danke.

Right and wrong, good and bad, pod and poc, all nine, shorts, boys and beyonds.

Ich habe viele Menschen getroffen, die ihren Wahnsinn verteidigen, weil sie das eben gewählt haben. Du kannst sie nach ihrer Kindheit fragen und wirst jede Menge Ereignisse finden, die mögliche Ursachen dafür sein können, dass diese Menschen so sind, wie sie sind. Ist das wirklich relevant? Alle Gründe und sogenannte Ursachen sind der Grund und die Rechtfertigung für die Verteidigung der Ansicht, dass die Menschen nicht das Potential haben, etwas anderes zu wählen. Die Leute, die Wahnsinn und Probleme wählen, tun das, weil es für sie auf irgendeine Art funktioniert. Diese Wahl erschafft einen Raum für sie, in dem sie wissen, wer sie sind; das hat einen Wert und funktioniert für sie. Daran ist nichts Falsches. Es ist einfach eine Wahl.

Ich hatte eine Patientin, die mir nach einer Reihe von Sitzungen erzählte, wie glücklich sie jetzt ist und dass sie sich jetzt der verschiedenen Möglichkeiten für ihre Zukunft bewusst ist und dass sie sich inspiriert fühlt zu arbeiten und all das zu tun, was sie schon immer tun wollte. Ihr Leben begann sich sehr schnell zu erweitern. Als sie gerade kurz davor war, ihre neue Realität zu etablieren, traf sie die Wahl, eine Depression zu bekommen und wütend auf mich zu sein. Wir sprachen darüber und sie konnte sehen, wie sie die Depression und die Wut erfunden hatte, um mir und sich selbst zu beweisen, dass sie nicht fähig zur Veränderung ist. Ihr wurde klar, dass sie ihre Depression und ihre Geistesgestörtheit verteidigte. Als sie sich dessen bewusst wurde, konnte sie nicht mehr länger verleugnen, dass sie eine Wahl hat.

In der Psychiatrie treffe ich viele Patienten, die die Wahl treffen, verrückt zu sein. Die meisten kommen zu einer einzigen Sitzung und dann nie wieder. Warum? Weil sie wissen, dass ich ihnen die Tür zu dem Raum öffne, in dem sie eine Wahl haben und in dem sie nicht länger verleugnen können, dass ihr Wahnsinn und ihre Probleme ihre eigenen Schöpfungen sind und dass sie lieber weiterhin verrückt sein wollen. Noch einmal, es ist einfach eine Wahl.

Was, wenn du die Verteidigung deiner Ansichten und Wertungen aufgeben könntest? Wie viel mehr Freiheit hättest du? Möchtest du lieber recht haben oder frei sein? Möchtest du lieber recht haben und glaubwürdig in dieser Realität sein oder die Freiheit haben, DU zu sein, selbst wenn du dadurch nicht mehr angepasst wärst? Wie sehr wärst du in der Lage zu kreieren, was du dir wirklich ersehnst? Was wählst du?

Kapitel 11

Deine Störungen sind tatsächlich Superkräfte

Während meiner Zeit mit so vielen Menschen, die mit Zwangsstörungen, ADHS (Aufmerksamkeitsdefizits- und Hyperaktivitätssyndrom), Autismus, Psychosen und Bipolarität zu mir kamen, habe ich sehr schnell gemerkt, dass das alte Paradigma, diese Diagnosen als Störung anzusehen, nicht funktionierte. Tatsächlich hat es mich blind gemacht, nach den Fehlern bei diesen Menschen zu suchen. Es machte keinen Sinn. Ich begegnete diesen Menschen, deren Brillanz so bemerkenswert war, und die einzige Perspektive, die man mir in meiner Ausbildung mitgegeben hatte, war die Suche nach dem, was nicht mit ihnen stimmte. Ich fragte mich, wie man auch nur annehmen konnte, dass diese Menschen behindert waren. Ihre Kreativität ließ jeden Intelligenztest dagegen verblassen.

Als Psychologin wende ich die unterschiedlichsten neuropsychologischen Prüfverfahren an, um Informationen zu sammeln und herauszufinden, welche Diagnose jemand hat.

Das sind standardisierte Verfahren, die Normalität beschreiben, also das, was für die Mehrheit der Bevölkerung zutrifft und was außerhalb dieses Rahmens liegt. Die Tests sind eine Sammlung von Fragen, die die Patienten beantworten sollen. Wenn sie das antworten, was als richtig angesehen wird, bekommen sie einen Punkt, sonst nicht.

Als ich mit Menschen gearbeitet habe, die unter Zwangsstörungen oder ADHS litten, hat es mich buchstäblich umgeworfen zu sehen, welch wundervolle, kreative Antworten ich auf die Testfragen bekommen habe. Leider gibt es nur wenig Punkte für brillante und lustige Antworten. Warum? Weil sie nicht in die Norm passen, die für die richtigen Antworten erstellt wurde. Aber diese Menschen bekamen meine ganze Anerkennung für ihre Kreativität und ihren Humor. Sie sind so anders, dass ihre Andersartigkeit in dieser Realität nur damit erklärt werden kann, dass sie gestört sein müssen. Sie passen nicht in die Standards, die als richtig angesehen werden, was wiederum bedeutet, dass sie abweichen von dem, was normal ist. Ihre Andersartigkeit ergibt für „normale" Menschen keinen Sinn. Sie ist nicht logisch genug. Also lautet die Schlussfolgerung: Da kann etwas nicht stimmen.

Menschen mit diesen Diagnosen lernen daraus sehr früh, dass mit ihnen etwas nicht stimmt und dass sie lernen sollten, sich so gut wie möglich anzupassen. Heutzutage ist es üblich, dass sie Medikamente gegen ihre sogenannten Symptome bekommen, die sie anpassungsfähiger in dieser Realität machen sollen. Jedes Mal, wenn ich jemandem begegnet bin, der wegen seiner Symptome Medikamente bekam, habe ich festgestellt, dass derjenige unglücklicher als zuvor war. Sie hatten kein Gefühl mehr für sich selbst. Sie berichteten von dem Gefühl, in einer Blase zu schweben, aus der es keinen Ausweg gab.

Anerkannt zu werden für ihre Großartigkeit, ließ sie erkennen, dass ihre sogenannten Symptome tatsächlich eine Möglichkeit waren. Das brachte die meisten meiner Patienten dazu, ihre Medikamente aufzugeben und ihre Andersartigkeit zu ihrem Vorteil zu nutzen.

Da gab es etwa diesen jungen Mann, der mit ADHS und Zwangsstörungen diagnostiziert war, weil er täglich alle möglichen Rituale in einer bestimmten Reihenfolge begehen musste, um ruhig bleiben zu können. Er brauchte Ewigkeiten, um irgendwo hinzugehen, weil er erst seine Rituale vollenden musste. Er war sehr bekümmert deswegen und seine Familie hatte jede Hoffnung aufgegeben. Sie wussten nicht mehr, was sie unternehmen sollten. Als ich ihn traf, zählte er mir alles auf, was mit ihm nicht stimmte. Er sagte, er sei nicht in der Lage, irgendetwas mit seinem Leben anzufangen. Er kam kaum aus dem Haus, weil er zuvor so viele Rituale zu erledigen hatte, wie etwa seine Hände zehn Mal zu waschen, das Haus in einer bestimmten Reihenfolge zu durchwandern und seine Kleider in einer bestimmten Reihenfolge anzuziehen. Wenn irgendetwas nur eine Nuance anders war oder wenn er dabei unterbrochen wurde, musste er noch einmal von vorn beginnen, solange bis alles perfekt war.

Dazu kam noch, dass er hyperaktiv war. Er nahm Medikamente, erkannte aber sehr schnell, dass er sie nicht brauchte. Er sagte mir, wie bestärkt er sich fühlen würde und dass er entdeckt hätte, wie einmalig er sei und dass er so viel mehr Potential hätte als diese kleinen Tabletten. Er wurde zu einem der kreativsten und komischsten Menschen, die ich je getroffen habe. Er begann eine neue Ausbildung und arbeitet jetzt mit Kindern. Die hohe Intensität und das rasante Tempo in dieser Umgebung passen zu seiner Energie und er ist glücklich.

Wie hat er sich so verändern können? Weg von all dem Schlamassel hin zum bewussten Erschaffen seines Lebens?

Indem er anerkannte, wer er wirklich ist. Indem er den anderen die Lüge nicht mehr abkaufte, mit ihm würde etwas nicht stimmen. Indem er sich selbst dazu einlud, zu wissen, was er weiß. Indem er alle notwendigen Informationen bekam und die Werkzeuge, seine Superkräfte zu seinem Vorteil zu nutzen.

Anzuerkennen, wer du wirklich bist und wozu du imstande bist, funktioniert wie reine Magie. Über deine Fehlerhaftigkeit hinwegzukommen und zu erkennen, dass du so viel mehr bist als der Versager, der du geglaubt hast zu sein, erlaubt dir die Tür zu einer vollkommen anderen Möglichkeit zu öffnen. Das ist die Art und Weise, wie ich mit meinen Klienten arbeite: Ich erkenne und weiß, wer sie sind und wozu sie imstande sind, jenseits aller Fehlerhaftigkeit, die sie real gemacht haben. Stell dir vor, du bist in der Gegenwart von jemandem, der dich nicht bewertet und der keine Ansicht über dich oder darüber hat, dass du dich in irgendeiner Art und Weise ändern solltest. Jemand, der dein DU wahrnimmt, das du noch nicht gewählt hast zu sein. Merkst du, wie das deinen Körper entspannt? Es ist so ähnlich, wie wenn du in der Natur bist, wo die Bäume und das Meer da sind, um dir und deinem Körper beizutragen, ohne die Ansicht, dass du irgendwie anders sein solltest.

Wie wäre es, wenn du das für dich sein könntest?

Welche Energie, welcher Raum, welches Bewusstsein können du und dein Körper sein, die es dir erlauben, der nährende, liebevolle Raum zu sein, der du und dein Körper in Wahrheit ist?

Alles, was verhindert, dass das sichtbar wird, vervielfacht mit einer GodZillion, zerstörst und unkreierst du das jetzt?

Right and wrong, good and bad, pod and poc, all nine, shorts,boys and beyonds.

Lass dieses Clearing einige Male laufen, um dich daran zu erinnern, welcher Raum für dich möglich ist, der du sein kannst und den du annehmen kannst.

Was ist ADHS?

ADHS (Aufmerksamkeitsdefizits- und Hyperaktivitäts-Syndrom) ist eine Reihe von Implantaten, die das kreieren, was allgemein ADHS-Symptome genannt werden; Hyperaktivität und Aufmerksamkeitsdefizit. Implantate sind alles, womit du übereinstimmst und woran du dich anpasst, wogegen du Widerstand leistest und worauf du reagierst und wodurch alle implantierten Ansichten und Begrenzungen erschaffen werden. Diese Implantate können leicht entfernt werden, wenn – und nur wenn – die betreffende Person die Wahl trifft, sie zu entfernen. Du kannst den Klärungssatz dafür benutzen. Wenn aber die betreffende Person lieber an ihnen festhalten möchte, weil sie sich einen heimlichen Gewinn davon verspricht, wie etwa, dass man sich dann um sie kümmert oder dass die Erwartungen an sie dann nicht zu hoch sind, können die Implantate nicht entfernt werden. Es ist eine Wahl, die von der Person selbst getroffen werden muss.

Die Möglichkeit, die sich jenseits der Implantate eröffnet, ist die vollkommene Annahme der Fähigkeiten, die ADHS bietet. Menschen mit dieser Diagnose haben ein enormes Potential an Wahrnehmung und der Fähigkeit, viele Projekte gleichzeitig in Angriff zu nehmen und sie alle mit Leichtigkeit zu verwalten. Ich hatte viele ADHS-Patienten, die eine oder mehrere Firmen hatten, die sie mit Brillanz und einer enormen Kreativität erschaffen haben. Für die administrativen Bereiche, wie etwa die Buchhaltung, haben sie andere Leute engagiert. Wenn du die erzeugende und erschaffende Energie erkennst, die ADHS zur Verfügung stellt, lädt sie dich dazu ein, diese Energie zu sein und sie zu deinem Vorteil zu nutzen. Sei dir bewusst, was dir Spaß macht und wen du zu deinem Leben hinzufügen kannst, der sich um die Dinge kümmert, bei denen du keinen Spaß und keine Leichtigkeit empfindest.

Viele Menschen mit ADHS haben einen „Sorgenmacher“ in ihrer Familie oder ihrem Freundeskreis. Sie nehmen seine Besorgnisse wahr und halten sie für ihre eigenen. Einer meiner Patienten hatte eine Mutter, die sich exzessiv Sorgen um ihn gemacht hat. Er litt an Hypochondrie, aber als er erkannte, dass seine dauernde Sorge um seine Gesundheit eigentlich die Angst seiner Mutter war, verschwand die Hypochondrie.

Menschen mit ADHS bekommen meistens den Rat, sich eine Sache nach der anderen vorzunehmen und ein Projekt zu beenden, bevor sie ein neues beginnen. Tatsächlich klappt das nicht. Ich weiß das, denn ich hatte schon viele ADHS-Patienten. Was stattdessen wunderbar funktioniert, ist, wenn sie so viele Dinge wie möglich gleichzeitig am Laufen haben. Das entspricht der generativen, kreativen Energie, über die diese Menschen verfügen. Je mehr Fäden sie in der Hand halten, desto entspannter sind sie. Wenn du die Ansicht loslässt, dass es dir zu viel werden kann, dann kannst du empfangen, was dir tatsächlich möglich ist. Deine Ansicht kreiert deine Realität.

Den Fernseher oder Musik laufen zu lassen, gleichzeitig auf Facebook zu sein und die E-mails zu checken, während man Hausaufgaben macht oder einen Bericht schreibt, eine kurze Pause einzulegen, um eine Kleinigkeit zu essen oder mit einem Freund zu plaudern, könnte am besten funktionieren für Menschen mit ADHS. Und trotzdem wird das in dieser Realität als falsch betrachtet. Du sollst eine Sache nach der anderen machen und nicht zu viel gleichzeitig tun, sonst bekommst du Stress. Ist das wirklich wahr? Fühlst du dich leichter, wenn du das hörst? Stell die Frage nach dem, was für dich funktioniert. Was weißt du? Was, wenn das, was du weißt und wozu du fähig bist, jenseits dieser Realität liegt?

Was sind Zwangsstörungen?

Zwangsstörungen sind eine unglaubliche Wahrnehmungsfähigkeit und die Verteidigung gegen den Raum, in dem es so leicht ist, die Gedanken, Gefühle und Emotionen anderer Menschen aufzufangen. Diese Gedanken, Gefühle und Emotionen nicht den anderen abzukaufen und sie für die eigenen zu halten, keine Ansicht diesbezüglich zu haben und nicht das Gefühl zu haben, du müsstest irgendetwas damit anfangen, würde dir erlauben, Leichtigkeit damit zu empfinden. Wenn du dich aber gegen deine Wahrnehmung wehrst, erzeugst du eine Verdichtung der Energie. Die Ansicht, die die meisten Menschen haben, ist, dass sie sich vor all den Informationen schützen müssen, die sie aufnehmen. Menschen tun viel, um weniger zu wissen.

Zwangsstörungen äußern sich durch den Drang, bestimmten Ritualen und Routinen folgen zu müssen. Wenn diese nicht genauestens befolgt werden können oder in der falschen Reihenfolge oder Ordnung ausgeführt werden, müssen sie so lange wiederholt werden, bis sie perfekt sind. Dabei geht es darum, dich selbst mit bestimmten Verhaltensweisen so vollkommen zu beschäftigen, dass du nichts mehr wahrnehmen musst. Du brauchst keine Zwangsstörungsdiagnose, um zu wissen, wovon ich spreche. Wie viele To-Do-Listen kreierst du jeden Tag für dich selbst, um zu vermeiden, das zu sein und anzunehmen, was in Wahrheit für dich möglich ist?

Was wäre, wenn die Zwangsstörungen tatsächlich keine Störung wären, sondern die Fähigkeit, diese Realität auf intensive Weise wahrzunehmen? Das bedeutet, die intensive Wahrnehmung dessen, was in den Universen aller anderer vor sich geht, aller Gedanken, Gefühle und Emotionen. Wenn diese Menschen sich all der Stimuli nicht bewusst sind, die sie in sich aufnehmen, kann das ein Gefühl der vollkommenen

Überwältigung erzeugen. Um in dieser Realität funktionieren zu können, erschaffen sie sich eine Strategie, um durch ihr Leben zu kommen und all das zu verarbeiten, was sie wahrnehmen.

In dieser Wirklichkeit lehrt man uns nicht, Informationen einfach zu empfangen und zuzulassen. All diese Informationen um uns herum müssen einen Sinn ergeben. Wir müssen eine Meinung dazu erfinden, eine Ansicht, sie verstehen, bewerten, ob sie richtig oder falsch sind und unsere Schlussfolgerungen ziehen. Menschen mit Zwangsstörungen sind sich dessen sehr bewusst. Ihre Art in dieser Wirklichkeit zu funktionieren, ihre Art klarzukommen mit all diesen empfangenen Informationen ist genau die gleiche wie die aller anderen Menschen in dieser Realität. Sie finden ihre eigene Weise, um zu beurteilen, was von ihnen verlangt wird, damit alles gut ausgeht. Die Rituale und deren strikte Einhaltung, die bei Menschen mit Zwangsstörungen beobachtet wird, sind der Versuch, sicherzustellen, dass das Chaos beherrscht wird und alles gesichert ist. Diese Menschen sind davon überzeugt, dass ihre Rituale genau eingehalten werden müssen, um zu garantieren, dass alles in Ordnung ist und niemand verletzt wird.

Menschen mit Zwangsstörungen haben eine extreme Wahrnehmung. Sie fangen die Gedanken, Gefühle und Emotionen von anderen Personen in ihrer Umgebung auf, selbst wenn diese physisch nicht anwesend sind. Sie glauben dann, dass all diese Gedanken, Gefühle und Emotionen ihre eigenen wären und denken, dass alles, was sie wahrnehmen, mit ihnen zu tun hätte. Stell dir vor, wie viel Information das ist und was es für dich bedeuten würde, wenn all diese Informationen relevant für dich wären. Du würdest sicher nach einem Weg suchen, um all diesen Informationen Sinn zu verleihen und mit ihnen umzugehen.

Ein Werkzeug, das du verwenden kannst, wenn du dich überwältigt „fühlst“, ist die Frage:

Ist das wirklich relevant für mich?

Nur weil du Informationen auffängst, muss das nicht heißen, dass irgendeine davon relevant ist. Es ist, als würde man Fernsehen schauen und dabei versuchen, einen Sinn zu finden hinter jedem einzelnen Wort, das jede einzelne Person auf jedem einzelnen Kanal sagt. Es handelt sich einfach nur um Information und das meiste davon hat nicht das Geringste mit dir zu tun.

Eine andere Frage ist auch sehr hilfreich:

Wem gehört das?

Denn wenn sich etwas für dich schwer anfühlt und nach dieser Frage leichter wird, dann ist es ein Zeichen, dass es nicht dir gehört. Sollte es nicht leichter werden, dann frag: „Habe ich das als meines kreiert?“ Wenn du ein „Ja“ bekommst, dann sag:

Alles das, überall, wo ich das als meines kreiert habe, das zerstöre und unkreiere ich jetzt, vervielfacht mit einer GodZillion.

Right and wrong, good and bad, pod and poc, all nine, shorts,boys and beyonds.

Einer meiner Patientinnen, die seit Jahren unter Depressionen litt, hatte alle möglichen Medikamente ausprobiert und jede nur denkbare Art von Therapie und nichts konnte etwas an ihrer Depression ändern. Sie hörte auf zu sprechen und es war klar ersichtlich, dass sie sterben würde. Ich begann, mit ihr zu arbeiten und eines Tages kam sie in mein Büro und lächelte mich an. Diese Frau hatte seit Jahren nicht mehr gelächelt. Sie schaute mich an und sagte, „Heute bin ich glücklich. Ich kam von zuhause und erkannte, dass die Sachen in meinem Kopf, die sich so schwer anfühlen, gar nichts mit mir zu tun haben. Das bin nicht ich; und all das hat niemals zu mir gehört.“ Von diesem Tag an begann sie, ihr Leben zu erschaffen wie noch niemals zuvor. Sie hatte alle möglichen Pläne, was sie erforschen und tun könnte. All das nach einer einzigen kleinen Frage.

Diese Fragen zu stellen, ermöglicht es dir, mehr und mehr von dem Raum wahrzunehmen, der du bist und dieser Raum zu sein, ganz egal wo du bist oder mit wem du zusammen bist. Du musst nicht länger eine Rückzugsstrategie wählen, etwa auf eine einsame Insel auszuwandern oder zwanzig Jahre lang in einer Höhle zu meditieren, um Frieden zu finden. Du kannst diesen Frieden jetzt haben, mitten in der verrücktesten, lautesten Großstadt. Und wenn du dieser Raum bist, dann verändert das die Menschen um dich herum. Wenn du dieser Raum, diese Leichtigkeit und dieser Frieden wirst, der du tatsächlich bist, dann können die anderen in deiner Nähe nicht mehr so sehr an ihrem Wahnsinn festhalten wie damals, als du bei ihrem Wahnsinn mitgespielt hast. Oh diese Freude! Stell dir nur vor, was für eine andere Welt wir gemeinsam kreieren können.

Was tust du, um nicht wahrzunehmen? Womit beschäftigst du dich, um dein Sein, Wissen, Wahrnehmen und Annehmen zu vermeiden? Was ist wirklich für dich und dein Leben möglich mit dem Bewusstsein, das du noch nicht anerkannt hast? Wahrnehmen bedeutet, alle Informationen von allem und allen zu empfangen. Das ist nicht immer bequem. Du bist dir des Glücks ebenso bewusst wie der Traurigkeit und all der anderen Dinge, auf denen das menschliche Verhalten basiert. Aber wenn du bewusst bist, hast du die Möglichkeit, alles mit Leichtigkeit anzunehmen. All diese Informationen kannst du empfangen, zu deinem Vorteil nutzen und so dein Leben kreieren. Wie? Indem du aufhörst so zu tun, als würde irgendetwas mit dir nicht stimmen. Indem anerkennst, dass nirgendwo etwas nicht stimmt und dass die Informationen, die du auffängst nichts als eine interessante

Ansicht sind. Würdest du lieber mit Scheuklappen durch die Welt laufen, das vermeiden, was du weißt, und hoffen, dass du es eines Tages richtig machst oder würdest du lieber deine Augen öffnen und alle Informationen annehmen, um zu wissen, in welche Richtung du als nächstes gehen kannst, in der die großartigeren Möglichkeiten für dich kreiert werden?

Was ist Autismus?

Es gibt viele Missverständnisse und einen Mangel an Informationen in Sachen Autismus. Autismus wird in dieser Realität als Behinderung angesehen. Die allgemeine Ansicht darüber ist, dass mit autistischen Menschen etwas nicht stimmt.

Was, wenn nichts falsch an ihnen ist?

Mit autistischen Menschen zu arbeiten hat meine gesamte Ausbildung auf den Kopf gestellt. Ich war erstaunt über den Mangel an Informationen und die unkorrekte Information, die man mir vermittelt hatte. Was ich in meiner Arbeit mit autistischen Menschen herausgefunden habe, ist, dass Menschen mit Autismus eine Möglichkeit und ein Beitrag für diese Welt sind. Sie sind wahrlich anders. Anders zu sein, wird nicht als wertvolle Eigenschaft in dieser Realität betrachtet. Autistisch zu sein, bedeutet, extrem anders zu sein und zu funktionieren. Es bedeutet, sich allem und allen in seiner Umgebung die ganze Zeit extrem bewusst zu sein.

„Normale“ Menschen haben normalerweise ihre Mauern verteidigungsbereit hochgezogen. Die verbreitete Ansicht dazu ist, dass diese Mauern sie vor dem beschützen, was um sie herum vorgeht. Sie geben ihnen ein Gefühl von Sicherheit und ein Gefühl für sich selbst. Menschen mit Autismus haben keine solchen Verteidigungslinien. Indem ich Fragen stelle und erforsche, was sonst noch möglich ist, habe ich herausgefunden, dass die Notwendigkeit, sich zu verteidigen, ein Ansatz ist, der im Leben nicht so gut klappt. Dieser Ansatz sorgt nicht für Veränderung und verbessert nichts. Wenn du dich verteidigst, dann bleibst du in einem konstanten Angriffs- und Kampfmodus. Wenn etwas nicht funktioniert, dann schaue ich es mir an und stelle Fragen, um mehr Informationen zu darüber zu erhalten, was noch möglich ist, das sogar noch besser funktionieren würde. Das nennt man pragmatisch. (Oh, warte, dieses Buch *hat* ja den Titel *Pragmatische Psychologie*!)

Der Ansatz, dass man seine Verteidigungslinien halten muss, lässt uns tatsächlich weniger von dem haben, was wir sind. Er kreiert die Ansicht, dass es möglich ist, von anderen Menschen angegriffen oder negativ beeinflusst zu werden und schafft gleichzeitig die Notwendigkeit, ununterbrochen sein Territorium und seinen persönlichen Raum verteidigen zu müssen.

Wie sehr verteidigst du die ganze Zeit deinen persönlichen Raum, als ob das nötig wäre, um sicher zu sein und Frieden zu haben? Wie gut klappt das für dich? Und wie viel von all dem ermüdet dich und gibt dir das Gefühl, allein und nicht verbunden zu sein mit anderen Menschen, der Erde, der Natur und deinem Körper? Würdest du eine andere Möglichkeit in Betracht ziehen?

Alle Notwendigkeiten von Barrieren und Verteidigungen und alle Ansichten, die du dir kreiert hast, um sie aufrechtzuerhalten und alles, mit dem du übereinstimmst und dich anpasst und was du ablehnst und worauf du reagierst, zerstörst und unkreierst du das jetzt? Danke.

Right and wrong, good and bad, pod and poc, all nine, shorts, boys and beyonds.

Deine Barrieren fallen zu lassen erlaubt dir, alles zu empfangen und mit allem verbunden zu sein. Als ich meine Ansicht änderte und die Notwendigkeit losließ, mich verteidigen zu müssen, mir selbst erlaubte, verletzlich zu sein, änderte sich mein ganzes Leben. Ich erkannte, wie viel Potential darin liegt, meine Barrieren gesenkt zu lassen. Ich hatte mehr Zugang zu mir selbst als jemals zuvor.

Wenn ich mit Sängern und Schauspielern arbeite, die sich danach sehnen, dass ihre Stimme gehört wird, üben wir oft das Senken der Barrieren, um eine bessere Verbindung mit dem Publikum zu schaffen. Wenn sie anderen erlauben, ihre Gaben zu sehen und zu erfahren, werden ihre Gaben tiefer empfangen. Ihre Stimmen ändern sich schlagartig, ohne dass sie dafür irgendwelche Techniken hätten lernen müssen. Sie sind präsent mit dem, was sie sind, und alle und alles beschenkt sie dafür. Das ist ein Beitrag, der eine andere Möglichkeit für die Welt erschafft.

Ich habe mit einer Frau gearbeitet, die behauptete, sie hätte Angst davor, in der Öffentlichkeit zu sprechen. Sie kam bei einem meiner Workshops auf die Bühne und zuallererst bat ich sie darum, ihre Barrieren zu senken. Sie tat es und begann zu lachen, wobei sie vollkommene Freude ausstrahlte. Ich fragte sie, wessen sie sich bewusst geworden war und sie sagte, „Oh mein Gott, ich dachte immer, ich hätte Angst, gesehen und gehört zu werden und dass ich mich am liebsten vor der Welt verstecken würde und jetzt erkenne ich, dass das eine Lüge war und dass ich es liebe, vor anderen zu sprechen. Und das, von dem ich glaubte, es sei Angst, war nichts anderes als Aufregung und die Freude darüber, gesehen und gehört zu werden.“ Die Frau erzählte mir später, dass sie danach bei einer großen Modenschau vor einem riesigen Publikum eine Rede gehalten hatte. Sie hatte es genossen und erlaubt, dass sich ihre Welt durch diesen Auftritt änderte. All das konnte geschehen, weil sie ihre Barrieren gesenkt und sich erlaubt hatte, sich selbst zu empfangen.

Was könntest du über dich selbst entdecken, wenn du all deine Barrieren senken und dich selbst empfangen würdest?

Alles das, was dir nicht erlaubt, das vollkommen zu sein, zu wissen, wahrzunehmen und zu empfangen, zerstörst und unkreierst du das jetzt? Danke.

Right and wrong, good and bad, pod and poc, all nine, shorts, boys and beyonds.

Wenn du mit allem und mit allen verbunden bist, ermöglicht dir das, alle Informationen zu empfangen, die du zu jeder Zeit benötigst. Deine Barrieren gesenkt zu haben, trägt zu der Energie bei, die dein Körper braucht. Wenn du alles annimmst, dann wird der Raum erschaffen, in dem der Körper weniger Schlaf und weniger Essen braucht. Die Menschen glauben, dass unsere Energiezufuhr vor allem vom Schlafen und vom Essen abhängt. Wirklich? Wie oft hast du viel geschlafen und viel gegessen und warst immer noch müde? Wie oft hast du gegessen und dich hinterher erschöpft gefühlt? Wie oft hast du deinen Körper zum Schlafen gezwungen, weil du die Ansicht hattest, dass du das brauchst, um die Energie zu bekommen, die nötig ist, damit du durchhältst?

Alles das und jede Ansicht, die du hast über die Notwendigkeit von Schlaf und Essen, die sich über deine Wahrnehmung hinwegsetzt, zerstörst und unkreierst du das jetzt? Danke.

Right and wrong, good and bad, pod and poc, all nine, shorts, boys and beyonds.

All diese Ansichten loszulassen, erlaubt dir, Fragen zu stellen, die dir die Information darüber verschaffen, was du und dein Körper wirklich brauchen. „Körper, möchtest du jetzt essen? Körper, was möchtest du essen? Wie viel?" Dein Körper wird dir das Bewusstsein darüber verschaffen, was er braucht und wann er es braucht. Dein Körper spricht immer zu dir. Wenn du erst einmal beginnst, Fragen zu stellen und zuzuhören, wird es dir immer leichter fallen zu hören, was er dir sagen will.

Deine Barrieren gesenkt zu halten, erlaubt dir die Magie zu sein, die du in Wahrheit bist. Es erlaubt dir, unendlich zu sein und unendlich anzunehmen. Wie viel von deinem finanziellen Reichtum verminderst du mit den Barrieren, die du gegen das Empfangen errichtet hast? Bist du dir deiner Barrieren überhaupt bewusst und hast du keine Ahnung, was du eigentlich an dich herankommen lassen sollst? Diese Barrieren schützen dich vor allem, sogar vor Geld. Diese Barrieren wissen nicht, dass es ihre Aufgabe ist, all das Geld, das du dir ersehnst, in dein Leben zu lassen. *Alles das, zerstörst und unkreierst du das jetzt? Danke.*

Right and wrong, good and bad, pod and poc, all nine, shorts, boys and beyonds.

Bekommst du langsam eine Ahnung davon, welche Barrieren du dir tatsächlich für dein Leben kreiert hast? Sie beruhen auf der Lüge, dass du sie brauchst. Frage: Ist das wahr? Verschafft dir diese Ansicht ein Gefühl von Leichtigkeit? Kreiert diese Ansicht mehr in deinem Leben oder weniger? Es ist nichts falsch daran, verletzlich zu sein. Verletzlichkeit ist vielmehr eine Stärke. Verletzlichkeit bedeutet, alles zu sein und alles anzunehmen ohne eine Ansicht darüber, dass dich irgendetwas verletzten könnte. So als wärst du ein Marshmallow. Alles prallt einfach von dir ab. Deine Barrieren bedeuten nichts anderes, als dass da immer irgendetwas ist, wogegen du dich verteidigen musst, was dich jede Menge Energie kostet. Es gibt nichts, was dich verletzen könnte, außer wenn du die Überzeugung hast, dass es dich verletzen kann. Noch einmal – deine Überzeugungen erschaffen deine Realität.

Verletzlich zu sein und alles anzunehmen, bedeutet nicht, dass du Sachen übernimmst, an ihnen festhältst, sie mit dir herumträgst oder sie in deinem Körper bewahrst. Es bedeutet nur, dass du sie wahrnimmst und durch dich durch lässt wie den Wind.

Was hat das alles mit Autismus zu tun?

Die Wahrnehmung von Barrieren gibt dir eine andere Perspektive auf die Art und Weise, wie autistische Menschen funktionieren. Sie lädt dich zu einem anderen Standpunkt ein, von dem aus du siehst, dass die Wahrnehmung von allem zu jeder Zeit keine „Störung", sondern eine „Stärke" ist. Autistisch zu sein, bedeutet, keine Filter und Barrieren in Bezug auf all die Informationen und Wahrnehmungen zu haben, die beständig verfügbar sind. Alles ist gleichzeitig da. Es ist so, als hättest du keine Haut.

Die allgemeine Ansicht ist, dass autistische Menschen einen Mangel an Gefühlen und Emotionen haben und dass das eine Behinderung ist. Wie viel mehr von dir kannst du sein und annehmen, wenn du nicht denkst, fühlst und Emotionen hast?

Gedanken, Gefühle und Emotionen basieren auf der Polarität – gut und schlecht, richtig und falsch. Du bist immer an dem einen oder anderen Pol und erfährst niemals die Freiheit zu sein. Bist du bereit herauszufinden, wer du bist? Jenseits von Gedanken, Gefühlen und Emotionen? Es ist solch ein Abenteuer. Jenseits von all dem ist der Ort, an dem du die Wahl hast. Die wirkliche Wahl. Wenn das ein „Ja" für dich ist, dann lass dieses Clearing so oft wie möglich laufen:

Welche Erfindungen verwendest du, um die Gedanken, Gefühle, Emotionen und Verstimmungen zu kreieren, die du wählst?

Alles das, zerstörst und unkreierst du das jetzt? Danke.

Right and wrong, good and bad, pod and poc, all nine, shorts, boys and beyonds.

Autistische Menschen nehmen alles immerzu wahr. Das bedeutet, dass sie Informationen, Gedanken, Gefühle und Emotionen ununterbrochen auffangen, ebenso wie alles, was gesagt und nicht gesagt wird – verbal oder nonverbal.

Ich habe eine Freundin, die mit einer Mutter und ihrem autistischen Kind gearbeitet hat. Alle saßen zusammen im

Wohnzimmer, als der Junge zum Kühlschrank schaute und seine Mutter wortlos wissen ließ, dass er Orangensaft wollte. Die Mutter hatte die Information empfangen und auf dem Weg zum Kühlschrank fragte sie ihn laut, ob er Orangensaft haben wolle. Daraufhin begann der Junge zu schreien. Meine Freundin fragte die Mutter: „Ist dein Sohn jetzt frustriert, weil er weiß, dass du bereits weißt, was er will und weil du ihn etwas gefragt hast, was du schon weißt?"

„Ja", war die Wahrnehmung. Die Frage seiner Mutter hatte den Jungen frustriert, weil seine Mutter sich selbst verlangsamt hatte, indem sie vorgab, nicht zu wissen, was sie bereits wusste.

Das ist ein Beispiel dafür, wie autistische Menschen funktionieren. Sie kommunizieren mit Worten und ohne Worte. Worte sind keine Notwendigkeit in ihrer Welt und sie wissen, dass du weißt. Sie wissen außerdem, wann du dich selbst langsamer und dümmer machst, als du bist, was oft der Grund für ihre Frustration oder Wutanfälle ist. Ist es nicht bemerkenswert, wie etwas, das wie ein Wutanfall oder Ärger bei autistischen Menschen aussieht, tatsächlich eine Botschaft an uns ist und nicht ein Zeichen, dass etwas nicht stimmt? Sie informieren uns vielmehr über eine andere Möglichkeit. Was, wenn wir von der Vorstellung loslassen könnten, dass etwas nicht stimmt, sondern die Möglichkeiten annehmen könnten, die sich dahinter verstecken?

Es wird behauptet, dass autistische Menschen unfähig sind zu kommunizieren.

Wie unzutreffend ist diese Ansicht?

Wir alle kommunizieren mit Worten und ohne Worte. Wie oft wusstest du, wer dich anruft, bevor du noch das Telefon in die Hand genommen oder auf das Display geschaut hast? Wenn du an jemanden denkst, wie oft denkt derjenige oder diejenige gerade an dich und braucht etwas von dir? Und wie oft hast du beschlossen, dass du es bist, der an diesen Menschen gedacht hat?

Wir wissen so viel mehr als wir denken. Denken ist nur die untergeordnete Form des Wissens. Wissen ist schneller und unmittelbarer. Mit autistischen Menschen zusammen zu sein, ist erstaunlich und eine wunderbare Gelegenheit, unser Wissen und unsere Fähigkeit zu nonverbaler Kommunikation zu erproben.

Damit spiele ich die ganze Zeit in meiner Praxis. Ich habe da einen psychologischen Test, den ich bei meinen Patienten anwende. Wir spielen damit. Er ist eigentlich nicht zum Spielen gedacht – er ist sehr ernst gemeint, aber nicht für mich. Ich benutze ihn unglaublich gern, um die Menschen zu ermächtigen zu wissen, was sie wissen. Dieser Test ist wie ein Puzzle; es gibt da ein Bild, in dem ein Teil fehlt und fünf Antworten stehen zur Wahl. Eine der Antworten entspricht dem Teil, das in dem Bild fehlt.

Zuerst frage ich den Patienten, welches das richtige Teil ist, wofür sie ihren Verstand benutzen und über die richtige Antwort nachdenken müssen. Dann frage ich, wie sie diese Übung empfunden haben und meist bekomme ich die Antwort, dass sie es als harte Arbeit empfunden hätten oder dass ihr Kopf oder ihre Augen schmerzten, weil sie sich so sehr auf das Bild konzentriert hätten und darauf, die richtige Antwort zu finden. Dann machen wir das Gleiche noch einmal mit einem anderen Puzzle. Dieses Mal bitte ich den Patienten, nicht über die Lösung nachzudenken, sondern ihr Wissen zu benutzen und das Puzzle zu fragen, welches das fehlende Teil ist. Meistens ist die Antwort des Klienten richtig und er ist überrascht, wie schnell und einfach er zu dem richtigen Resultat kam. Sie sagen, dass ihr Verstand darauf beharrte, dass es nicht so einfach und schnell gehen könne und dass sie besser noch eine Weile über die richtige

Antwort nachdenken sollten. Bei dieser Übung lernen sie, ihrer eigenen Wahrnehmung zu vertrauen. Wir spielen dann noch eine Runde und ich bitte sie wieder, ihrem Wissen zu vertrauen und ich versichere ihnen, dass ich die korrekte Antwort im Kopf habe und dass sie sich die Antwort da holen können. Es macht Spaß, auf diese Weise zu erfahren, wie es ist, die Gedanken eines anderen Menschen aufzufangen. Und es funktioniert.

Welche Fähigkeiten hast du, die Gedanken, Gefühle und Emotionen anderer zu kennen und aufzufangen, die du noch nicht anerkannt hast?

Alles das, was dir nicht erlaubt, das zu sein, zu wissen, wahrzunehmen und zu empfangen, zerstörst und unkreierst du das jetzt? Danke.

Right and wrong, good and bad, pod and poc, all nine, shorts, boys and beyonds.

Dir zu erlauben zu wissen, hilft dir sehr, wenn du mit autistischen Menschen kommunizierst. Es kreiert so viel Leichtigkeit und Frieden in deren Universen, wenn du nicht vorgibst, dümmer zu sein, als du in Wahrheit bist.

Wie wäre es, wenn du alles annehmen würdest, was du wahrnimmst und es als einen Beitrag für dein Leben und deinen Körper nutzen würdest?

Wie viel mehr Leichtigkeit würde das in deinem Leben kreieren?

Eine Mutter, mit der ich gearbeitet habe, hatte einen autistischen Sohn und sie beklagte sich darüber, dass sie morgens nie rechtzeitig fertig wurden. Sie hatte jede Strategie ausprobiert, die ihr eingefallen war, um ihren Sohn dazu zu bringen, sich fertig zu machen, aber er weigerte sich. Sie bat mich um Hilfe und ich riet ihr, ihrem Sohn telepathisch Bilder zu schicken, ungefähr so wie bei einer schnellen Diashow. Darin solle sie ihm zeigen, was sie von ihm erwartete und wie der Tag aussehen würde. Sie hatte so etwas noch nie zuvor getan und wusste nicht, wie man telepathisch kommuniziert, aber sie sagte, sie würde es zumindest einmal probieren.

Da sie ja nichts zu verlieren hatte und ohne wirklich zu wissen, wie sie ihm die Bilder schicken sollte, malte sie sich in Gedanken aus, wie der Tag werden sollte und schickte das alles ihrem Sohn. Die Frau war wie vom Donner gerührt, als diese Methode wunderbar funktionierte. Ihr Sohn entspannte sich und wurde rechtzeitig fertig, um das Haus pünktlich verlassen zu können. Seitdem kommunizieren die beiden in Gedanken und ihre Beziehung hat sich durchschlagend verbessert.

Autistische Menschen haben erstaunliche Fähigkeiten, die jenseits dessen liegen, was diese Realität erfassen oder verstehen kann. Sie funktionieren außerhalb der Norm und liegen weit abseits der Skala dessen, was wir als normal ansehen. Sie sind so anders, dass die einzige Art, sie in dieser Realität zu begreifen, darin liegt, Autismus als Behinderung zu bezeichnen.

Das gilt ebenso für ADHS, Zwangsstörungen und andere sogenannte Diagnosen. Sie sind nichts anderes als eine Mutation der Spezies in eine andere Art des Funktionierens, die für uns keinen Sinn macht. Trotzdem will man etwas darüber herausfinden und sie verstehen. Und dann will man erklären, was man nicht verstehen kann. Alles was anders ist, muss falsch sein. Interessante Ansicht. Warum muss Andersartigkeit falsch sein?

Welche Andersartigkeit bist du, weswegen du dich für falsch hältst und die, wenn du sie sein würdest, deine ganze Welt verändern würde?

Alles das, zerstörst und unkreierst du das jetzt? Danke.

Right and wrong, good and bad, pod and poc, all nine, shorts, boys and beyonds.

Ich schreibe viel über Autismus, denn Autismus ist eines der am wenigsten verstandenen Phänomene in der Psychologie, neben Schizophrenie und Psychosen. Was wäre, wenn wir diese Dinge, statt sie mit dem Etikett „Falsch“ zu versehen, aus einem anderen Blickwinkel betrachten würden? Und wenn wir fragen würden: „Was ist hier tatsächlich möglich? Was können wir hier lernen, das wir noch nicht anerkannt haben?

Autistische Menschen funktionieren nicht auf der Basis von Gedanken, Gefühlen und Emotionen. All das macht keinen Sinn für sie. Denken, Fühlen und Emotionen sind die niedrigeren Schwingungen des Seins, Wissens, Wahrnehmens und Empfangens. Oder anders ausgedrückt: Denken, Fühlen und Emotionen sind die verdichtete Form von Sein, Wissen, Wahrnehmen und Empfangen, weil sie auf der Polarität basieren, in der es immer eine positive und eine negative Seite gibt. Das gilt nicht für Sein, Wissen, Wahrnehmen und Empfangen. Diese basieren nicht auf der Polarität. Und so sind sie die ausgedehnte Plattform, von der aus wir agieren können.

In dieser Realität haben wir gelernt, dem Denken, Fühlen und den Emotionen großen Wert beizumessen. Interessant, denn sind das nicht genau diese Dinge, die uns Probleme verursachen und uns im Zustand des konstanten Leidens festhalten? Es ist ziemlich einfach, über das Denken, Fühlen und die Emotionen hinauszugehen und stattdessen vom Sein, Wissen, Wahrnehmen und Empfangen aus zu handeln. Dort sind wir schneller und dort wird unser Leben viel leichter, weil wir nicht mehr das Resultat der Polarität von gut und schlecht sind. Gut oder schlecht verliert jede Bedeutung und alles ist nur noch eine interessante Ansicht. In diesem Zustand hast du Wahlmöglichkeiten.

Für autistische Menschen ist es sehr schmerzhaft, wenn sie gezwungen werden, von den niedrigeren Schwingungen des Denkens, Fühlens und der Emotionen aus zu agieren. Es ist, als würde man versuchen, einen großen runden Ball in eine kleine eckige Schachtel zu stopfen. Sie funktionieren auf der Basis von Sein, Wissen, Wahrnehmen und Empfangen und dadurch sind sie sich der Ansichten der Menschen um sie herum extrem bewusst. Sie nehmen überdeutlich und ununterbrochen all die Informationen wahr, die um sie herumschwirren.

Frage autistische Menschen nicht, wie sie sich fühlen. Wenn du ihnen diese Frage stellst, werden sie die Gefühle aller anderen Leute anzapfen, um herauszufinden, wie sie sich fühlen sollten. Frage sie lieber, was sie wahrnehmen. Wenn du merkst, dass sie sich zusammenziehen und unruhig werden, dann frage: „Zu wem gehört das? Zu dir?"

Diese Fragen zu stellen, lässt sie sich entspannen, denn sie sind in der Lage zu wissen, dass sie bewusst sind und dass das, was sie wahrnehmen, nichts mit ihnen zu tun hat. Und das trifft nicht nur auf autistische Menschen zu. *Wie viele der Ansichten und Probleme, die du dir täglich auf die Schultern lädst, sind tatsächlich nicht deine eigenen? Wärst du bereit, alles loszulassen, was nicht zu dir gehört und es zum Absender zurückzuschicken, ohne wissen zu müssen, wer der Absender ist?* Danke.

Ich habe mit einem jungen Mann gearbeitet, der das Asperger-Syndrom hatte, eine Form von Autismus. Sobald er das Werkzeug „Wem gehört das?" und „Gehört das zu mir?" für jeden Gedanken, jedes Gefühl und jede Emotion anwandte, die er für seine eigenen hielt, veränderte sich seine gesamte Welt. Er erzählte mir, wie viel Freiheit dieses Werkzeug für ihn kreiert hat und dass er erkannt hat, wie anders er ist und das tatsächlich nichts Falsches an ihm ist, sondern dass sein Anderssein in Wahrheit eine großartige Art ist zu sein.

Er berichtete, dass es ihm bewusst geworden war, dass „normale" Leute sich sehr viele Probleme mit ihrem Denken und Fühlen erschaffen und mit der Tatsache, dass sie allem so viel Bedeutung geben. Mag sein, dass er nicht immer weiß, wie man sich angemessen in Gesellschaft verhält. Aber jetzt, da er nicht mehr glaubt, etwas würde mit ihm nicht stimmen, wenn er bemerkt, dass andere sich aufregen, fragt er einfach: „Wie geht es Ihnen? Was ist los? Kann ich irgendwie helfen?" Meistens nimmt das den anderen den Wind aus den Segeln.

Er sagte, er würde sich oft wie ein Außerirdischer fühlen, wenn er nicht versteht, was die ganze Aufregung soll und weshalb Menschen auf die eine oder andere Art reagieren, aber das stört ihn nicht mehr. Er fühlt sich wohl mit sich und weiß, dass er der Welt einen Beitrag leistet, indem er einfach ist, wer er ist.

Das ist einer der Gründe, weshalb mir meine Arbeit so viel Spaß macht.

Autismus ist eine Ebene der Wahrnehmung, die du nicht ausschalten kannst, und gleichzeitig versuchst du, einen Modus zu finden, wie du mit dem Wahnsinn der anderen leben kannst, die ihre Wahrnehmung ausgeschaltet haben. Autistische Menschen haben keinen Aus-Schalter. Ihre Wahrnehmung auszuschalten, ergibt in ihrer Welt keinen Sinn.

Diejenigen, die funktionale Autisten sind – was bedeutet, dass sie autistisch sind und gelernt haben, normal zu scheinen und ein „normales" Leben zu leben – versuchen herauszufinden, wohin sie ihre Wahrnehmung ausrichten können, damit sie für andere funktioniert. Sie passen sich an. Das verbraucht sehr viel von ihrer Energie und es bedarf großer Anstrengung. Sie müssen verbergen, was sie wissen, sogar vor sich selbst, um in die Realität der anderen zu passen. Wenn sie anerkennen, was sie jedes Mal tun, wenn sie mit anderen Menschen zu tun haben, dann bringt ihnen das eine große Freiheit und es führt zu Wahlmöglichkeiten.

Dadurch wird die Möglichkeit geschaffen, alles zu sein, was du bist, egal mit wem du zusammen bist, und zu sagen, was andere annehmen können. Du musst jemandem, der es nicht annehmen kann, nicht erzählen, was du weißt. So jemand würde sich nur gegen dich sträuben. Wie mein Freund Gary Douglas sagt: „Nur für dich, nur zum Spaß, sag keinem was."

Vermindere dein Bewusstsein niemals zugunsten der Ansichten anderer Leute. Du weißt, was du weißt – gleichgültig was die anderen sagen. Wie wäre es, wenn du empfangen könntest, was andere Menschen denken und fühlen und all diese Dinge einfach nur interessante Ansichten wären, denen du keine Bedeutung beimessen oder ihnen gar Wahrheit verleihen müsstest? Wenn du einfach weißt, was du weißt?

Neulich war ich am Flughafen kurz davor, an Bord zu gehen. Das Flughafenpersonal war ziemlich nervös und wollte mich dazu bewegen, schneller zu machen. Für eine Sekunde hätte ich ihnen beinahe gehorcht und ihre Ansicht wirklich gemacht. Dann fragte ich mich, was ich weiß und empfing das Bewusstsein, dass wir genug Zeit haben, erkannte mein Wissen an und entspannte mich. Plötzlich entspannte sich auch das Personal und alles war gut. Es war noch jede Menge Zeit vor dem Abflug.

Anzuerkennen, was du weißt, bringt mehr Freiheit und Leichtigkeit in dein Leben und in das Leben der anderen. Dort ist der Raum, in dem du nicht länger dein Bewusstsein missachtest zugunsten der Ansichten anderer Leute.

Schizophrenie und Psychose

Schizophrenie und Psychose werden als ernsthaftere Geisteskrankheiten betrachtet. Man ist der Ansicht, dass sie vor allem durch Medikamente geheilt werden können. Es gibt keine traditionelle Therapieform, die Schizophrenie und Psychosen heilen könnte.

Menschen, die diese Diagnose haben, hören Stimmen oder sehen Dinge, die andere nicht sehen. Normalerweise sind sie deswegen sehr verstört. Die allgemeine Ansicht darüber ist, dass diese Menschen krank sein müssen und das irgendetwas mit ihnen nicht stimmen kann. Das ist eine Antwort und lässt keinen Raum für tiefere Erforschung. Kein Wunder, dass es dann keine Therapien gibt, die eine andere Möglichkeit präsentieren können.

Um für Menschen mit diesen Diagnosen eine andere, funktionale Wirklichkeit zu erschaffen, müssen wir mit Fragen beginnen. Was ist das? Was ist damit möglich? Was ist nötig, um diesen Menschen eine neue Möglichkeit zu eröffnen?

Ich hatte Patienten mit Schizophrenie und Psychosen. Eine von ihnen war eine junge Frau, die immer schon Stimmen gehört und Menschen gesehen hatte, die andere nicht sahen. Sie konnte Menschen sehen und hören, die schon gestorben waren und keine Körper mehr hatten. Sie konnte mit ihrer verstorbenen Großmutter sprechen. Wenn sie in ihrer Küche am Herd stand, dann fühlte sie, wie ihr jemand auf die Schulter tippte, der mit ihr reden wollte.

Das Problem war, dass sie dachte, etwas würde mit ihr nicht stimmen und dass sie krank sei und dass sie deswegen das Wissen über ihre Fähigkeiten abtrennen müsste. Als sie mir von den Stimmen erzählte und von dem, was sie sah, was sie eine Menge Mut gekostet hatte, fragte ich sie, ob sie eine Begabung und die Fähigkeit hatte, Wesen ohne Körper wahrzunehmen, die sie nicht anerkannt hatte. Sie lächelte, begann zu lachen und sie und ihr Körper entspannten sich. Ihr ganzes Universum erhellte sich und sie öffnete die Tür, um Zugang zu sich und zu ihren Fähigkeiten zu erlangen, mehr als jemals zuvor. Sie ließ die Ansicht los, dass irgendetwas mit ihr nicht stimmte und war in der Lage, ihre Begabungen zu erforschen und zu genießen. Sie brauchte keine Psychiater mehr.

Die meisten Menschen, die mit psychotischen oder schizophrenen Patienten arbeiten, sind sich irgendwie bewusst, dass es darum geht, aber niemals erlauben oder wagen sie, es anzuerkennen, weil das absolut jenseits der Normalität liegt.

Ist jetzt die Zeit, mutig zu sein und zu sehen, worum es sich tatsächlich handelt, anstatt wie ein Hund dem eigenen Schwanz hinterher zu jagen und das zu bestätigen, was „normal" oder wissenschaftlich bewiesen ist? Wenn wir den Menschen nicht helfen und ihren Zustand nicht in etwas Großartigeres umwandeln können, wie gut sind dann die Modelle und Theorien, die man uns gelehrt hat? Wenn etwas nicht wirkt, stelle eine Frage. Wenn es nicht wirkt, frage und erforsche neue Möglichkeiten. Sei pragmatisch. Sei wach. Sei mutig genug, um deinen Blick auf das zu richten, was jenseits der Norm liegt.

Dem nachzueifern was andere sagen, was die Wissenschaft postuliert, was andere Theorien vorgeben, bedeutet den Status Quo beizubehalten und an dem festzuhalten, was die anderen Leute denken. Anzuerkennen, worum es sich tatsächlich handelt, hat das Potential, Möglichkeiten zu erschaffen, die Menschen dazu ermächtigen zu wissen, was sie wissen. Darin liegt das Potential, um eine andere Welt und eine nachhaltige Zukunft zu erschaffen.

Wesenheiten

Wenn man in der Psychiatrie arbeitet, dann hat man täglich mit ihnen zu tun, egal ob man mit Patienten zu tun hat, die mit Schizophrenie und Psychosen diagnostiziert sind oder nicht. Wesenheiten, also Wesen ohne Körper, kommunizieren ununterbrochen mit uns. Viele Menschen enden in der Psychiatrie, weil sie diese Wesenheiten wahrnehmen und zu wenig Wissen darüber haben, wie sie mit ihnen umgehen sollen. Sobald sie lernen, mit all dem umzugehen, was sie wahrnehmen, sind Diagnosen und Geisteskrankheiten nicht mehr relevant. Diese Menschen erlangen eine Art Frieden und Leichtigkeit mit dem, was sie wahrnehmen.

Bei vielen unerklärlichen Situationen, wo Menschen plötzliche Zusammenbrüche erleiden, kannst du fragen, ob es sich um Wesenheiten handelt. Menschen, die Drogen nehmen, viel Alkohol trinken oder Unbewusstheit wählen, geben ihren Körper zur Vermietung frei und Wesenheiten können in den Körper kommen und ihn übernehmen.

Da gab es kürzlich eine Klientin, deren Bruder mich anrief und mir erzählte, dass seine Schwester plötzlich total verwandelt sei. Sie würde irgendwelche Leute anrufen, ihnen seltsame Dinge erzählen und ansonsten nur zuhause herumsitzen. Er wusste nicht, was er tun sollte und bat mich, nach ihr zu sehen.

Als ich sie zuhause besuchte und sie mir die Tür öffnete, wirkte sie verwirrt und sie war buchstäblich nicht sie selbst. Also setzte ich mich mit ihr hin und fragte sie, was los wäre. Ich fragte sie, ob sie alles gehen lassen wolle, was ihr nicht erlaubte, in diesem Moment sic selbst zu sein. Sie sagte „Ja" und es war ein wirkliches „Ja". Häufig sagen Menschen „Ja" auf diese Frage und tatsächlich meinen sie „Nein".

Während sie sprach, verband ich mich energetisch mit den Wesenheiten in ihrem Körper und entfernte sie. Sie sah mich an, lächelte und dankte mir. Es stellte sich heraus, dass sie diese Wesenheiten schon immer in ihrem Körper gehabt hatte, aber dass da etwas ausgelöst worden war, das sie dazu brachte, diesmal zu wählen, diese Wesenheiten gehen zu lassen. Am nächsten Tag kam sie vollkommen verändert in meine Praxis. Sie war wieder sie selbst.

Wäre ich eine normale Psychologin gewesen, wäre sie in eine geschlossene Anstalt gekommen, wo man sie unter Medikation gesetzt hätte. Was hätte das für sie kreiert?

Aber ich war seltsam und verrückt und es hat funktioniert. Das ist pragmatisch, zu tun, was hilft.

Einige Menschen sind sogenannte Portale, was nichts anderes bedeutet, als dass sie eine große, offene Tür für Wesenheiten sind. Das ist der Fall bei Schizophrenen. An irgendeinem Punkt haben sie gewählt, Portale zu sein. Wesenheiten fahren durch sie hindurch wie Autos auf einer Autobahn. Du kannst das beobachten, wenn du mit jemandem sprichst und es plötzlich scheint, als würdest du mit einer ganz anderen Person sprechen. Und einige Augenblicke später scheint es, als wäre da wieder jemand anderer. Wenn der betroffene Mensch wählt, kein Portal mehr zu sein, geht es sehr schnell und einfach, das Portal zu schließen. Auch Gebäude können Portale sein. Du bemerkst es daran, dass du dich an solchen Orten plötzlich schwindlig fühlst oder du etwas Seltsames bemerkst. Indem du das hier liest, wirst du dir der Energie bewusst, von der ich spreche.

Frage dich selbst, wie viele der Gedanken in deinem Kopf deine eigenen sind. Wenn es dir schwer fällt zu entscheiden, was du tun sollst und wenn da eine Stimme in deinem Kopf ist, die dich in die eine Richtung lenkt und eine andere Stimme, die dich in eine andere Richtung dirigieren will oder wenn die Stimmen dich in der „Du"-Form ansprechen, dann frage dich: „Sind das Wesenheiten, die ich wahrnehme?" Woher weißt du, ob es Wesenheiten sind? Frage: „Wahrheit, nehme ich Wesenheiten wahr?" Lässt ein „Ja" oder ein „Nein" dich leichter fühlen? Die Antwort, die sich leicht anfühlt, ist wahr für dich.

Wesenheiten leben gern in menschlichen Körpern. Es ist sehr verbreitet, dass in einem Körper eine oder mehrere Wesenheiten sind. Das ist nichts Schreckliches. Wesenheiten sind nicht mächtiger als du. Du bist derjenige mit dem Körper, du hast das Sagen!

Wie entfernst du die Wesenheiten?

Indem du dich mit den Wesenheiten verbindest, die du gehen lassen willst und indem du diesen Klärungssatz verwendest:

Wahrheit, wer bist du? Wahrheit, wer warst du davor? Wahrheit, wer warst du davor? Wahrheit, wer warst du davor? (Du sagst das, bis die Energie sich ändert.)

Wahrheit, wer wirst du zukünftig sein? Danke, du kannst jetzt gehen. Und all die magnetischen Abdrücke im Körper zerstöre und unkreiere ich.

Right and wrong, good and bad, pod and poc, all nine, shorts, boys and beyonds.

Indem du fragst „Wer warst du davor? Wer wirst du zukünftig sein?“, erlöst du die Wesenheit aus der Position in der Zeit, in der sie feststeckt. Die magnetischen Abdrücke sind der Abdruck, den die Wesenheit in deinem Körper durch seine Anwesenheit hinterlassen hat.

Bipolare Störung

Die Bipolare Störung hatte früher einen anderen Namen und wurde manische Depression genannt. Es handelt sich um den Zustand, in dem depressive Episoden (Tiefs) und manische Episoden (Hochs) wechseln.

Wenn ich mit Menschen arbeite, die als bipolar diagnostiziert wurden, frage ich mich immer: „Wahrheit, ist das wirklich bipolar?“ Oft sagt mir mein inneres Wissen, dass es sich nicht um eine bipolare Störung handelt, auch wenn der oder die Betreffende mit dieser Diagnose zu mir kommt. Es handelt sich einfach um Menschen, die missverstanden wurden und die glücklicher als die Norm waren. Wenn du zu glücklich bist, fragen sich die Leute, was mit dir nicht stimmt.

Wie viel von deiner Freude und deinem Glück hältst du zurück, um nicht als verrückt zu scheinen oder zu viel zu sein?

Alles das, zerstörst und unkreierst du das jetzt? Danke.

Right and wrong, good and bad, pod and poc, all nine, shorts, boys and beyonds.

In Wirklichkeit ist alles so einfach: Eine Frage stellen, um herauszufinden, was in Wahrheit vorgeht, anstatt die Schlussfolgerung abzukaufen, die jemand erschaffen hat, indem er dem Patienten die Diagnose gestellt hat.

Die „Tiefs" oder die Depression sind oft die Wahrnehmung der dichten Energie von anderen Leuten und dieser Realität. Das bedeutet, dass viele meiner Klienten sich einfach dessen bewusst sind, was in dieser Welt vorgeht und es als etwas abkaufen, was zu ihnen gehört und es damit als ihres kreieren. Und indem sie das tun, machen sie sich zu dessen Resultat. Wenn sie das Werkzeug „Wem gehört das?" verwenden, erzeugt das eine gewaltige Verschiebung ihres aktuellen Zustandes, indem sie anerkennen, dass die Traurigkeit, von der sie annehmen, dass sie zu ihnen gehört, nichts mit ihnen zu tun hat.

In einer einzigen Sitzung kannst du jemandes Leben verändern. Einfach indem du Fragen stellst und anerkennst, was ist.

Was ich mit bipolar diagnostizierten Klienten herausgefunden habe, bei denen ich gefragt und ein „Ja" bekommen habe, dass es sich wirklich um eine bipolare Störung handelt, ist, dass diese Klienten sich ein widersprüchliches Universum erschaffen haben. Das bedeutet, dass sie die ganze Zeit in einer Entweder-Oder-Welt leben. Eine meiner Klientinnen hatte ein Entweder-Oder-Universum mit ihrer Sexualität, in dem sie einerseits viel Sex haben wollte und sich andererseits von Sex angeekelt fühlte und lieber eine Nonne sein wollte.

Bipolarität kreiert eine andauernde Trennung, indem man hier sein möchte und doch nicht hier, einen Körper haben möchte und doch keinen. Während eines Hochs, in dem alles so fantastisch ist, fühlt man sich, als wäre man endlich man selbst. Und ja, irgendwie sind sie die Freude, die sie in Wahrheit sind, aber im gleichen Moment kreieren sie diese Freude als einen Zustand, einen Ort, den es zu erreichen gilt, anstatt jenseits aller Zweifel den Frieden anzuerkennen, der sie in Wahrheit sind.

Es dem Klienten zu erleichtern, das zu sein, zu wissen, wahrzunehmen und anzunehmen, kann eine gewaltige Veränderung auslösen.

Freude ist kein Zustand, zu dem man gelangen oder den man anstreben kann. Freude ist das, was wir bereits sind. Wenn du beginnst, das anzuerkennen, dann musst du nicht mehr schwer dafür arbeiten, froh zu werden oder dich gut zu fühlen oder dir selbst zu beweisen, dass du glücklich bist. Du kannst den manischen Anteil des Glücks loslassen und wirst auf eine sehr friedvolle Art glücklich sein. Wahres Glück ist das Bewusstsein, dass es immer neue, dein Leben erweiternde Möglichkeiten gibt.

In der Psychiatrie gibt es viel Unklarheit in Bezug auf ADHS und bipolaren Störungen. Es gibt gewisse Ähnlichkeiten. Die Menschen beider Gruppen haben eine intensive Wahrnehmung und haben mehr Hochs und Tiefs als der Durchschnitt. Ich habe allerdings herausgefunden, dass es nicht wirklich relevant ist, eine Diagnose zu erstellen, da das normalerweise nichts anderes bedeutet, als eine Antwort zu finden. Stattdessen hilft es, ein Bewusstsein darüber zu haben, worum es sich bei jedem Menschen individuell handelt und in welcher Weise jeder einzelne von ihnen sich seine Begrenzungen erschafft. Geht es vor allem um widersprüchliche Universen oder wissen sie nicht, wie sie mit ihrer Wahrnehmung umgehen sollen? Oder beides oder etwas anderes?

Fragen werden dich zu diesem Wissen führen und zu den verfügbaren Möglichkeiten, die eine andere Zukunft kreieren.

KAPITEL 12

RAUS AUS DEM MISSBRAUCH

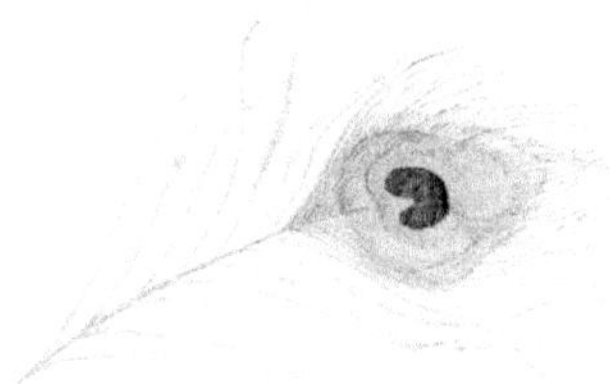

Viele Menschen haben Missbrauch in einer oder anderen Form erlebt. Dabei denken die meisten jetzt an sexuellen oder verbalen Missbrauch. Aber es gibt noch so viel mehr Formen von Missbrauch, den wir täglich an uns selbst verüben, wie etwa exzessives Denken, das heißt unser Gehirn mehr als notwendig verwenden, um sicher zu stellen, dass wir es richtig machen und nicht falsch, mehr essen, als unser Körper braucht, anstatt zu fragen, was und wann unser Körper essen möchte und mit den Antworten dieser Realität leben, anstatt Fragen zu stellen. Was ist dein Lieblingsfolterinstrument gegen dich und deinen Körper, das du täglich anwendest? Würdest du in Betracht ziehen, das loszulassen und eine andere Art der Unterhaltung zu entdecken? Wie oft benutzt du all diese Arten von Missbrauch, um beschäftigt zu sein, um dich anzupassen und wie jeder andere zu sein, um nicht die Stärke zu sein, die du in Wahrheit bist, um dich davon abzulenken, dein authentisches Leben zu kreieren?

Alles das, zerstörst und unkreierst du das jetzt, bitte? Danke.

Right and wrong, good and bad, pod and poc, all nine, shorts, boys and beyonds.

Missbrauch scheint irgendwie der normale Betriebszustand in dieser Realität zu sein. Was ich damit meine? Lass uns ein kleines Experiment machen. Wir sprechen über Psychologie. Was wäre die Psychologie ohne Experimente? Meine Psychologie ist eher wie ein spielerisches Experimentieren. Bist du dabei?

Zapf einfach mal die Energie von Missbrauch an. Damit meine ich, erlaube dir zu spüren, wie diese Energie ist. Du musst nichts visualisieren oder sonst etwas tun, einfach nur die Energie von Missbrauch wahrnehmen. Nimm wahr, sie sich diese Energie in deinem Körper anfühlt. Wo ziehst du dich gerade zusammen? Wo fühlst du dich angespannt? Wie viel Raum hast du jetzt? Und jetzt spür mal hinein, wie sehr diese Energie zu dieser Realität gehört, wo alles um Konformität geht, normal zu sein, recht zu haben, wie jeder andere zu sein, das Richtige zu tun, das richtige Leben zu leben mit dem richtigen Job und dem richtigen Partner und der richtigen Menge Geld und wo es darum geht zu vermeiden, unrecht zu haben und zu verlieren. Wie viel Kontraktion spürst du genau jetzt in deinem Körper?

Willkommen in dieser Realität, meine Damen und Herren. Und wenn sie jetzt zugreifen, werden Sie dazu verurteilt, lebenslänglich im Gefängnis Realität zu sitzen, alles für den Preis Ihres eigenen Selbst! Kleiner Scherz von mir…oder auch nicht.

Wie sehr musst du dich selbst missbrauchen und foltern, um fähig zu sein, Teil dieser Realität zu sein und dich ihr anzupassen?

Alles das, zerstörst und unkreierst du das jetzt? Danke.

Right and wrong, good and bad, pod and poc, all nine, shorts, boys and beyonds.

Jetzt lass die Energie des Missbrauchs los und alle diejenigen, mit denen du dich verbunden hast, um zu erfahren, was Missbrauch ist. Danke.

Bist du entspannter, nachdem du diese Energie losgelassen hast?

Diese Übung erlaubt dir zu erfahren, dass du dir der Energien die ganze Zeit bewusst bist und dass du sie jederzeit empfangen und wieder gehen lassen kannst, ohne jede Anstrengung und ohne jeden Kraftaufwand, einfach indem du die Wahl triffst. Je mehr du damit spielst, desto einfacher wird es.

Das nächste Mal, wenn du in der Gegenwart dieser Missbrauchsenergie bist, egal ob sie in Form einer Person oder einer Situation erscheint, sag zu dir selbst: „Ah, hier ist diese Energie wieder, was möchte ich jetzt wählen?“ Auf diese Weise wirst du dich nicht länger zu ihrem Resultat machen, da du dir bewusst bist, was dir da begegnet. Die Wahrnehmung dessen, was gerade passiert, eröffnet dir eine neue Möglichkeit.

Ich hatte einmal eine Beziehung mit einem Mann, der mir immer erzählte, wie sehr er mich lieben und anbeten würde und dass ich das Beste sei, was ihm jemals begegnet wäre. Allerdings fühlte ich mich jedes Mal schlecht, schwer und wütend, wenn er das sagte. Eine Zeit lang machte ich mir Vorwürfe, weil ich nicht glücklich war, wenn er mir seine Liebe erklärte. Wie kann ich so wütend werden, wenn er mir sagt, wie sehr er mich liebt; wie schlecht, schrecklich und kalt bin ich? Nachdem ich eine Weile dieser Qual ausgesetzt war, wurde ich aber endlich wieder so klug, meine eigenen Werkzeuge anzuwenden. Also fragte ich: „Was passiert hier? Wessen bin ich mir bewusst, was ich nicht anerkannt habe? Welche Lügen gibt es hier, ausgesprochen oder unausgesprochen?“ Die Frage nach den Lügen ist großartig, wenn man wütend wird. Es dauerte nicht lange, bis mich ein Freund informierte, dass mein Partner, der behauptete, mich so sehr zu lieben, tatsächlich einen furchtbaren Groll gegen mich hegte und gegen das, was ich in der Welt tue. Als ich diese Information erhielt, fühlte ich mich wieder ganz leicht und die Wut verschwand. Mir wurde bewusst, dass jedes Mal, wenn er mir erzählte, wie sehr er mich liebte und ich dann wütend wurde, ich tatsächlich spürte, dass er log und mich nicht im Geringsten liebte, sondern mich vielmehr für mein eigentliches Sein verurteilte. Dieses Bewusstsein kreierte so viel Raum für mich und ich fragte mich: „Ist er die Art von Mensch, mit der ich gern zusammen wäre? Wen und was anderes kann ich wählen, das meine Welt erweitern würde?"

Das Bewusstsein darüber, was tatsächlich vor sich geht, ohne es zu verurteilen, kreiert Möglichkeiten und Wahl.

Missbrauch – Bist du ein Heiler?

Ich hatte eine Klientin, der es schwer fiel, sich Beziehungen zu kreieren, die für sie funktionierten. Außerdem gelang es ihr nicht, ihren Körper und den Sex zu genießen. Während der Zeit, in der wir zusammen arbeiteten, traf sie zum ersten Mal einen Mann, der freundlich zu ihr war, der sie mit Achtung behandelte und sie und ihr Körper konnten sich entspannen. Sie sagte mir, dass sie jetzt bereit sei, sich anzuschauen, was es mit ihrem Körper und ihren Schwierigkeiten, Sex zu genießen auf sich hatte.

Ich stellte ihr einige Fragen darüber, wann diese Schwierigkeiten begonnen hatten und sie meinte, als sie als Teenager vergewaltigt worden war. Nach diesem Ereignis mochte sie keinen Sex mehr und ekelte sich vor ihrem Körper. Ich fragte sie, wie viel von der Wut des Vergewaltigers sie seitdem in ihrem Körper eingeschlossen hatte. Es war, als würde ihr ganzes Universum explodieren, als ich ihr diese Frage stellte.

Sie rief: „Oh mein Gott! Das ist genau das, was ich getan habe!“ Wir sprachen darüber, wie viel Hass gegen Frauen dieser Mann in sich getragen hatte und ob sie das in ihm hatte heilen wollen. Sie meinte: „Das ist die seltsamste Frage, die ich je gehört habe, aber sie bringt mich absolut dazu, dass ich mich jetzt leichter fühle.“ Sie wurde sich bewusst, dass sie mit ihrer Wahl den Kreislauf des Missbrauchs, den dieser Mann begangen hatte, durchbrochen hatte.

Eine Frage, die du stellen kannst, lautet:

Welche Wahrnehmung und welche Stärke hatte ich zur Zeit des Missbrauchs, die ich nicht anerkannt habe?

Die Ansicht, dass sie das Opfer war, hat sie blockiert, ihrem Körper nicht erlaubt, Berührung zu genießen und hat ihre Fähigkeit zu empfangen begrenzt, was sich auch in ihrer finanziellen Situation wiederspiegelte. Sie wurde sich ihrer heilenden Fähigkeiten bewusst, die sie gegen sich selbst verwendet hatte. Sie wurde sich all der Menschen in ihrer Umgebung bewusst, die von Wut, Zorn und Hass geleitet wurden. Sie wusste, dass sie die Fähigkeit hatte, all das aus deren Universen und Körpern zu entfernen und sie schloss das alles in ihrem Körper ein, dadurch dass sie nicht anerkannte, was sie da tat.

Als wir Fragen darüber stellten, was wirklich vor sich ging, konnte sie ihre Wahrnehmung erweitern und erkennen, welche Heilfähigkeiten sie tatsächlich hat, die sie jetzt zu ihrem Vorteil nutzen kann. Nachdem wir unsere Sitzungen abgeschlossen hatten, erzählte sie mir, dass dieses Wissen ihr ganzes Leben und ihren Körper verändert hatte. Ihr Freund meinte, dass er nicht wüsste, was geschehen sei, aber dass sich sogar bei ihm die gesamte Art und Weise, wie er mit seinem Körper umgeht und auch der Sex verändert hätten.

Ich habe dieses Beispiel ausgewählt, weil es viele Aspekte beinhaltet, die du verwenden kannst. Wie sehr bist du ein

Heiler und hast dein ganzes Leben lang den Schmerz und das Leid aus den Universen und Körpern anderer entfernt? Fühlt sich das jetzt leichter für dich an? Entspannt sich dein Körper? Hast du gerade tief geatmet oder geseufzt? Oder hat sich dadurch irgendetwas anderes für dich verändert? Das sind Hinweise darauf, dass an diesen Fragen irgendetwas für dich wahr ist. Wenn du dein Leben damit verbringst, unaufhörlich den Schmerz und das Leid aus anderer Menschen Universen und Körpern zu entfernen, ohne dir dessen bewusst zu sein, verwehrst du dir jede Wahlmöglichkeit und machst dich zum Resultat der Vorgänge um dich herum. Sobald du erkennst, wozu du in der Lage bist, kannst du diese Fähigkeiten für dich nutzen und dafür, dein Leben zu kreieren, anstatt dich selbst zu missbrauchen.

Früher habe ich mich immer betrunken gefühlt, wenn ich mich in Bars aufgehalten habe. Mein Kopf drehte sich und ich fühlte mich total betrunken, obwohl ich keinen Tropfen Alkohol getrunken hatte. Ich habe schließlich meinen Körper gefragt, was hier los ist, wessen sich mein Körper bewusst ist und welche Fähigkeiten mein Körper hat, die ich nicht anerkannt habe. (Eine großartige Frage an den Körper übrigens, die ich nur empfehlen kann.) Ich erfuhr dabei, dass mein Körper die Fähigkeit hat, den Alkohol aus den Körpern anderer Menschen herauszuholen. Sobald ich mir dessen bewusst war, konnte ich meinen Körper bitten, das nicht jedes Mal zu tun oder wenn, dann auf eine Art und Weise, die einfach und leicht für mich ist. Seitdem habe ich keine Schwierigkeiten mehr, mit betrunkenen Menschen zusammen zu sein. Wenn ich es wähle, kann ich den Alkohol in den Körpern der anderen auflösen oder eben nicht. Jetzt habe ich die Wahl.

Wozu bist du und dein Körper fähig, das du noch nicht anerkannt hast, das, wenn du es anerkennen würdest, dir dein ganzes DU geben würde?

Alles, was dir nicht erlaubt, das zu sein, zu wissen, wahrzunehmen und anzunehmen, zerstörst und unkreierst du das jetzt? Danke.

Right and wrong, good and bad, pod and poc, all nine, shorts, boys and beyonds.

Wenn du dir all deiner Begabungen und Fähigkeiten bewusst bist, kannst du damit beginnen, sie zu deinem Vorteil zu nutzen, statt das Opfer all dessen zu sein, was du nicht bereit warst, über dich zu wissen.

Jedes Mal wenn du etwas oder jemanden mächtiger oder wertvoller als dich machst, missbrauchst du dich selbst. Wie oft kommst du zu der Schlussfolgerung, dass es ein anderer besser weiß als du, damit du dir Rechtfertigungen kreieren kannst, die auf der Ausbildung des anderen oder seiner gesellschaftlichen Stellung basieren? „Oh, er ist ein Doktor. Er muss es besser wissen als ich."

Welche Kreation verwendest du, um deine Wahrnehmung und Wahl unterzuordnen, zu entbinden und aufzulösen zugunsten von anderer Leute Realitäten, das du wählst?

Alles das, zerstörst und unkreierst du das jetzt? Danke.

Right and wrong, good and bad, pod and poc, all nine, shorts, boys and beyonds.

Jedes Mal wenn du sagst, ein anderer weiß es besser, schaltest du deine Wahrnehmung aus und begrenzt dich und dein Leben.

Zu wissen, dass du weißt und dir bewusst zu sein, wozu du und dein Körper fähig seid, holt dich aus dem Missbrauch heraus und öffnet die Türen zu unendlichen Wahlmöglichkeiten.

Willkommen zu dem Abenteuer namens DU.

Kapitel 13

Depression – deine Grossartigkeit

„Solange du atmest, solange kannst du von vorne beginnen.“ So heißt es in einem Lied, das ich gerade höre, während ich dies schreibe. Wie wahr.

Depression ist einer der Hauptgründe, weshalb Menschen psychiatrische Hilfe oder psychologische Beratung in Anspruch nehmen. Die meisten Menschen sind zu irgendeinem Zeitpunkt ihres Lebens deprimiert. Es handelt sich um den Zustand, wo man die Ansicht hat, dass nichts mehr Freude macht und dass sich nichts daran ändern wird. Menschen in diesem Zustand berichten, dass sie überhaupt keine Energie haben, um auch nur einen einzigen Schritt in Richtung einer Veränderung zu unternehmen.

Meine Patienten sagen oft, dass sie das Opfer ihrer Depression seien. Sie hätten alles versucht und nichts habe geholfen. Sie seien zu müde, um etwas an ihrem Zustand zu ändern. Manchmal habe ich Patienten, die so depressiv sind, dass sie sogar aufgehört haben zu sprechen.

Depressiv sein ist eine Art, langsam zu sterben. Es ist der Zustand, in dem jemand aufgegeben und sich den Begrenzungen dieser Realität ergeben hat. Ein schleichender Selbstmord. Wie komme ich dazu, so etwas zu sagen? Frag dich selbst: Ist Depression ein Zustand, der dich übernimmt? Oder wählen die Menschen, depressiv zu sein? Ja, sie wählen die Depression. Es handelt sich um eine passive Art zu existieren und es ist eine aktive Wahl, wenn auch keine bewusste. Depressive Menschen treffen die Wahl, sich den Begrenzungen des Lebens zu ergeben. Sie mögen sich dieser Wahl nicht bewusst sein, vielmehr haben sie die Ansicht, dass sie keine Wahl haben. Wenn du das liest, was geschieht dann in deinem Universum und in deinem Körper? Wie sehr seid Ihr, du und dein Körper, euch jetzt gerade dieser Energie der Depression bewusst? Ist das eine vertraute Energie für dich? Und jetzt, statt dagegen anzukämpfen und zu versuchen, diese Energie aufzuhalten, lass all deine Barrieren sinken, noch mehr und noch mehr, und sei vollkommen präsent mit dieser Energie. Lass dir einfach eine Weile Zeit und sei ganz präsent mit ihr. Jetzt intensiviere diese Energie, stärker und noch stärker, und sei wieder eine Weile präsent mit ihr eine Minute oder ein paar Minuten oder sogar noch länger.

Was hat sich geändert?

Ich empfehle dir aufzuschreiben, was sich geändert hat, nachdem du eine Zeit lang präsent mit dieser Energie der Depression warst. Fällt dir auf, dass du diese Energie machtvoller als dich selbst hast werden lassen? Es ist einfach eine Energie. Wie wirklich ist also die Depression? Und wie wirklich hast du sie werden lassen, indem du der Ansicht zugestimmt hast und dich ihr angeglichen hast, dass sie real ist?

Was, wenn Depression nichts als eine interessante Ansicht wäre?

Ist diese Depressionsenergie etwas Vertrautes für dich und ist es vielleicht sogar diese Energie, die du dein Leben nennst? Hast du diese Energie als das definiert, was du bist? Und noch einmal, deine Ansicht kreiert deine Realität. Wenn du die Depressionsenergie als das definierst, was du bist, dann kreierst du dich als depressiv. Sag dir selbst: „Interessante Ansicht, dass ich diese Ansicht habe.“ Wieder und wieder.

Menschen, die unter sogenannten Depressionen leiden, spüren normalerweise die Traurigkeit der anderen und versuchen sie zu verändern, indem sie sie in ihren Körper aufnehmen und dort einschließen. Dir der Tatsache bewusst zu werden, dass du die Traurigkeit der anderen wahrnimmst, kann eine Menge für dich verändern.

Depression muss sich nicht immer auf die gleiche Art und Weise zeigen. Manche scheinen glücklich zu sein und sehen auch so aus, aber sie sind nicht glücklich. Tatsächlich sind sie traurig und du nimmst diese Traurigkeit wahr. Wie oft hast du dich verurteilt, wenn du nur die Traurigkeit eines Menschen wahrgenommen hast, der glücklich aussieht und viel lächelt, weil du geglaubt hast, mit dir kann etwas nicht stimmen, weil du nur sein Unglück wahrnimmst?

Und wie oft denkst du dann, dass diese Traurigkeit deine ist und verurteilst dich dafür, in der Gegenwart dieses Menschen unglücklich zu sein, wenn der doch anscheinend so „glücklich“ ist? Du nimmst einfach nur wahr, was wirklich los ist, während du in sein Gesicht schaust, das vorgibt, glücklich zu sein. Was, wenn du gar nicht derjenige bist, der unglücklich ist?

Du und dein Körper, Ihr nehmt das Unglück um euch herum wahr und wenn du keine Frage stellst, dann hältst du dieses Unglück für deines. Du denkst, dass du es bist, der unglücklich ist. Du sagst dir selbst, dass du unglücklich bist und du suchst nach Beweisen dafür, dass deine Ansicht wirklich ist, wie zum Beispiel: „Sieh nur, ich runzle die Stirn. Das bedeutet, dass ich unglücklich bin. Schau, ich habe Tränen in den Augen. Das bedeutet, dass ich traurig bin." Du könntest stattdessen fragen: „Wem gehört das? Bin hier wirklich ich derjenige, der unglücklich ist? Oder nehme ich nur das Unglück von jemand anderem wahr?" In den allermeisten Fällen nimmst du das Unglück der anderen wahr und denkst und folgerst daraus, dass es deines ist.

Wenn ich meine Klienten frage, ob es in ihrer Kindheit jemanden in ihrer Umgebung gegeben hat, der depressiv und unglücklich war, sagen die meisten „Ja". Einige sagen „Nein" und wenn ich weiter frage, wird ihnen bewusst, dass es da in der Tat jemanden gab, der unglücklich war, der aber vorgab, glücklich zu sein und auch so aussah. Wenn sie anerkennen, dass sie das Unglück anderer in ihrer Kindheit hatten wahrnehmen können und dass es gar nicht ihr Unglück gewesen war, dann hellt sich ihr ganzes Universum auf.

Menschen verbringen ihr ganzes Leben mit dem Versuch, andere glücklich zu machen, indem sie deren Unglück übernehmen, in ihren Körpern einschließen und es zu ihrem eigenen machen. Wie sehr tust du das die ganze Zeit mit jedem? Ist das die Energie, die du verwendest, um dein Leben zu kreieren? Das hat nichts mit dir zu tun oder mit der Kreation deines Lebens, wie du es wirklich haben willst. Es ist die Erschaffung deines DU auf Basis der Realität der anderen. Es ist die Verteidigung und Rettung der Realität der anderen und nicht die Kreation deiner eigenen Wirklichkeit.

Es ist nicht nötig, dich dafür zu verurteilen. Wie dankbar kannst du stattdessen dafür sein, dass du dir dessen jetzt bewusst bist? Wenn du weißt, dass es das ist, was du die ganze Zeit tust, dann wird dir Wahlmöglichkeit geschenkt. Du kannst dir jetzt in jedem einzelnen Moment deines Lebens bewusst sein, ob du die Realitäten anderer Menschen als deine abkaufst und sie heilst, ohne dass die anderen auch nur daran interessiert wären, sie zu ändern. Du könntest dir aber auch bewusst sein, was tatsächlich um dich herum vor sich geht, keine Ansicht darüber haben und damit beginnen, dein Leben zu kreieren.

Du hast ein Problem. Du bist grundsätzlich ein glücklicher Mensch, aber du verbirgst dieses Geheimnis vor allen anderen und auch vor dir selbst.

Sich des Unglücks anderer bewusst zu sein und zu versuchen, es zu heilen, ist keine Begrenzung. Es ist eine Fähigkeit, die du hast. Erkenne deine Großartigkeit an, deine Wahrnehmung und deine Fähigkeit, glücklich zu sein. Fühlst du dich dadurch leichter? Erinnere dich: Was dich leichter werden lässt, ist wahr für dich. Nur weil du etwas fühlen kannst, ist es nicht wirklich. Du nimmst an, dass alles, was du wahrnimmst, ein Gefühl ist, das du hast und dass es deines ist, so dass du wie alle anderen sein kannst, ebenso unglücklich wie alle anderen und ebenso normal. Wie viel Spaß macht das?

Alles ist eine Wahl. Depression ist eine Wahl. Wenn du wählst, depressiv zu sein, dann wählst du es, weil es dich glücklicher macht als die Wahl, glücklich zu sein. Ich habe das lange, lange nicht erkannt. Ich habe versucht, eine Logik dahinter zu entdecken, aber da ist keine. Ich dachte immer, dass ich all meine „Probleme" verarbeiten müsste, um glücklich zu sein. Ich dachte, dass ich Glück erfahren würde, wenn ich all meine Probleme gelöst hätte und wenn ich herausgefunden hätte, weshalb ich unglücklich bin und wenn ich die Ursachen für mein Unglück verstanden hätte. Außer dass immer mehr Probleme auftauchten, die ich lösen musste, denn ich hatte beschlossen, dass es meine Aufgabe war, meine Probleme und die der anderen zu lösen. Nachdem ich das als meine Aufgabe gewählt hatte, tauchten mehr Probleme auf, damit ich meine Aufgabe weiter erfüllen konnte. Also das ist mal eine interessante Wahl.

Ich ändere das jetzt und frage mich: *„Wie kann ich das, wessen ich mir bewusst bin, als eine Quelle der Freude nutzen? Was sonst kann ich jetzt wählen, das alles ändern würde?“*

Unglücklich und deprimiert zu sein, ist eine Wahl und es nichts falsch an dieser Wahl. Es ist einfach eine Wahl, die für die betreffende Person funktioniert aus welchem Grund auch immer. Anzuerkennen, dass es eine Wahl ist, kreiert den Raum, in dem du deine Wahl jederzeit ändern kannst.

Glücklich ist dein natürlicher Zustand, den du wählen kannst, wenn du keine Wahl gegen dich triffst.

Glücklich Sein, das bist Du.

Wenn du glücklich bist, bist du der Raum, in dem Magie sich zeigen kann, wo alles und jeder dir beitragen kann. Du erkennst, dass du nicht alleine sein kannst. Du bist die Schwingung, die mehr von dir und mehr Glück zulässt.

Du sagst jetzt vielleicht, dass du nicht weißt, wie man glücklich sein kann oder wie du dein Leben ändern kannst. Es geht nicht um das „Wie“. Wenn du etwas anderes wählst, indem du die Forderung stellst, dass dein Leben sich ändern soll, ändert sich alles.

Wie wäre es, wenn du damit beginnen würdest, von dir zu fordern, jetzt etwas Großartigeres zu sein und das anzunehmen?

Du hast in jedem einzelnen Moment die Wahl

In jedem einzelnen Augenblick triffst du eine Wahl. Sei dir der Tatsache bewusst, dass du bei allem, was du tust, eine Wahl hast, sogar wenn du nur zum Kühlschrank gehst, um dir eine Cola zu holen. Du musst nicht wählen – du wählst einfach. Es ist dein Privileg, eine Wahl zu haben. Wahl ist die Erschaffung deiner Zukunft. Fang an, in Zehn-Sekunden-Abschnitten zu wählen. Was wählst du jetzt? Zehn Sekunden sind vorbei. Was wählst du jetzt?

Es geht nicht um die richtige oder die beste Wahl. Es geht darum zu wählen, wie auch immer die Wahl ausfallen wird. Es gibt keine Wahl, die besser als die andere ist. Sie sind nur unterschiedlich. Du musst das wissen, um zu verstehen, wovon ich spreche.

Geh hinaus in die Welt und wähle. Riech an einer Blume. Zehn Sekunden sind vorüber, was wählst du jetzt – weiter an der Blume schnuppern oder etwas anderes? Übe das für eine Weile, damit du dir bewusst wirst, dass du eine Wahl hast und dass alles, was du tust und bist, einfach eine Wahl ist und nicht etwa richtig oder falsch. Das erlaubt dir, aus der Vorstellung heraus zu kommen, dass du nicht in der Lage bist zu wählen. Wählen ist kreieren und diese Wahl kreiert die Bewegung in deinem Leben, die dich zu mehr Freude führt und zu all dem, was du dir ersehnst.

Welche Energie, welcher Raum und welches Bewusstsein kannst du und dein Körper sein, das dir erlaubt, die Freude an der Wahl und der Kreation zu sein, die du in Wahrheit bist?

Alles was das nicht zulässt, zerstörst und unkreierst du das jetzt? Danke.

Right and wrong, good and bad, pod and poc, all nine, shorts, boys and beyonds.

Kapitel 14

Fast schon im Grab

In der psychiatrischen Praxis sieht man viele Menschen, die über Sterben und Selbstmord nachdenken. Einige von ihnen versuchen sich das Leben zu nehmen. Die Psychiatrie in Schweden hat eine sogenannte „Null Toleranz für Suizid". Das bedeutet, dass es keinen Suizid geben sollte. Das Ziel jedes Praktizierenden, ob Arzt, Therapeut oder Sozialarbeiter, sollte die Verhinderung von Selbstmord sein. Es handelt sich im Wesentlichen um die Ansicht, dass Selbstmord falsch ist und dass er als Versagen des Patienten und seines Therapeuten gilt. In anderen Ländern gibt es ähnliche Ansichten.

Ich, die ich in dieser Welt lebe, in der Psychiatrie arbeite und beobachte, wie die Menschen funktionieren, habe mich immer gefragt, wie lebendig die Menschen eigentlich sind. Die meisten Menschen existieren, indem sie täglich so ziemlich das Gleiche tun, als würden sie auf Autopilot laufen, als gäbe es nichts anderes. Ihre Körper sind müde, ihre Köpfe randvoll mit Bewertungen und Schlussfolgerungen.

Was hat das mit lebendig sein zu tun? Wie sehr ist das viel eher die Energie von langsamem Sterben, von einem

Selbstmord auf Raten? Sie haben entschieden, was möglich ist und was nicht und projizieren das auf die Zukunft. Wie viele Menschen sind tatsächlich wandelnde Tote? Wo ist das Leben, wo ist das Abenteuer?

Wir halten in der Psychiatrie an dem Grundsatz „Kein Suizid“ fest, während die Menschen überall täglich dabei sind, einen langsamen, qualvollen Selbstmord zu begehen durch die Art, wie sie ihre Körper behandeln, wie sie einander behandeln, wie sie Teile von sich abtrennen, wenn sie eine Beziehung eingehen, wie sie versuchen, „normal“ zu sein und genau so wie alle anderen. Sie haben bereits beschlossen, was sein wird, anstatt die Frage zu stellen, was sein könnte.

Diejenigen, die einen Selbstmordversuch begehen, sind oft genau die Menschen, die mehr Initiative ergreifen als die anderen um uns herum, die einfach durchkommen und existieren, die versuchen, normal zu sein und zu überleben. Ja, überleben. Wie viele Menschen kennst du, die mehr tun als nur zu überleben und nicht einfach nur versuchen, durchzukommen und nicht mehr als das? Vielleicht ärgerst du dich, wenn du das liest, weil diese Perspektive nicht zu den Ansichten dieser Realität passt. Was, wenn es kein „Falsch“ in irgendeiner Perspektive gäbe? Was, wenn es nicht falsch wäre, einfach durchkommen zu wollen oder einen Selbstmordversuch zu begehen oder zu leben?

Kapitel 15

Willst du dich wirklich verändern?

Hier kommt jetzt der Teil für die wirklich Mutigen.

Wie oft hast du gesagt, dass du Veränderung willst, hast alle möglichen Techniken ausprobiert und warst nach einer Weile wieder dort, wo du angefangen hast – in den gleichen alten Mustern und dem immer gleichen Trott?

Die Frage ist: Hast du wirklich nach Veränderung gefragt oder wolltest du sie nur?

Hast du also wirklich eine Veränderung ersehnt oder war es nur ein Lippenbekenntnis? Ich höre so viele meiner Klienten sagen, dass sich etwas verändern soll und die meisten von ihnen sind nicht bereit, eine wirkliche Veränderung in ihrem Leben zuzulassen. Wahre Veränderung bedeutet, etwas radikal Anderes in dein Leben zu lassen und die Erkenntnis, dass die alte Art und Weise nicht funktioniert. Es bedeutet, bereit zu sein, etwas vollkommen Neues willkommen zu heißen. Die meisten Menschen möchten einfach nur eine andere Version des alten Trotts. Daran ist absolut gar nichts auszusetzen. Es ist das, was man uns gelehrt hat. Wir haben gelernt, dass die Dinge eben so sind, wie sie sind in Bezug auf Verhalten, Beziehungen, Menschen. Ja, alles in dieser Realität ist, wie es ist. Man kann die Dinge in einem gewissen Ausmaß verändern, aber das war es dann auch schon. Wir haben nie gelernt, nach wirklicher Veränderung und einer ganz anderen Realität zu fragen.

„Anders" bedeutet, das loszulassen, was nicht funktioniert und sich neuen Möglichkeiten zu öffnen, die zuvor nicht existiert haben. Es ist eine Wahl. Eine aktive Wahl. Viele Menschen warten eine lange Zeit ab, bevor sie die Dinge ändern, die für sie nicht funktionieren. Sie warten so lange, bis sie sich richtig schlecht fühlen, bis ihr Körper schmerzt, bis sie so wütend oder so traurig sind, dass sie erkennen, es ist an der Zeit, etwas zu verändern.

Etwas muss sich ändern. Das ist die Forderung, mit der Veränderung beginnt. Du bist dafür verantwortlich. Du bist der Steuermann auf deinem Schiff. Wenn du darauf wartest, bis die Ampel grün wird oder jemand anderer es für dich tut, kann das eine lange Wartezeit werden. Funktioniert das wirklich für dich? Ist Warten wirklich deine größte Begabung und Fähigkeit? Oder ist es an der Zeit für dich, nach einer anderen Möglichkeit zu fragen?

Schau dir die Menschen an, die alles bekommen, was sie sich wünschen. Sagen die etwa: „Oh, könnte ich vielleicht bitte das haben?" oder stellen sie die Forderung nach was auch immer sie sich wünschen? Sie fordern es mit jeder Faser ihres Seins und erwarten immer, dass es geschieht. Was braucht es, damit du wählst, die Energie der Forderung sein zu können und damit du wählst zu empfangen?

Ja. Empfangen und Annehmen ist ein wichtiger Teil in diesem Spiel. Wie viel Gehirnwäsche war nötig, damit du zu glauben begonnen hast, dass jede Veränderung viel Zeit kostet, jede Menge Arbeit bedeutet und dass du jemand bist, der eben nicht alles haben kann, was er sich wünschst? Sind das deine Ideen oder Ansichten über die unveränderlichen Gesetze der Realität, mit denen du dein ganzes Leben gefüttert wurdest: Alles ist, was es ist. Alles bleibt gleich und Veränderung ist eine Bedrohung.

Was, wenn daran nichts falsch wäre und was, wenn es nur an dir läge anzuerkennen, dass diese Realität und deine Realität unterschiedlich sind? Was sorgt für mehr Leichtigkeit bei dir? Die Tatsache, dass alles beim Alten bleibt, von der einen oder anderen kleineren Nuance abgesehen, oder dass du deine Realität kreieren und genießen kannst, wie du es dir ersehnt hast und in der alles veränderbar ist? Was weißt du? Und ich frage dich nicht, was du denkst, was dein Verstand sagt. Ich frage, was du weißt. Was du weißt, ist viel schneller als die Fähigkeit deines Verstandes, Information zu verarbeiten. Ich frage nach dem, was du immer schon gewusst hast. Dein Wissen darüber, was möglich ist und was du dir nie erlaubst hast zu sein, weil nur Menschen um dich herum waren, die dir erklärt haben, dass es eben nicht möglich sei. Wenn du all diese Ansichten aus dem Weg räumst – all die Ansichten anderer Leute und dieser Realität darüber, wie und warum es nicht möglich ist – dann erlaubt dir das zum ersten Mal in deinem Leben zu empfangen. Zu empfangen und anzunehmen, was wirklich für dich möglich ist.

Frage danach und du wirst empfangen (Bitte und dir wird gegeben, wie es in der Bibel heißt). Stell eine Frage und erlaube dir zu empfangen. Bitte das Universum, dir zu zeigen, wozu du wirklich imstande bist. Frag nach mehr Leichtigkeit und Freude in deinem Leben. Bitte darum, dass deine finanzielle Situation sich ändert und frage, was es dazu bedarf. Frage nach Beziehungen, die Spaß machen, nach Sex. Bitte deinen Körper, sich zu verändern und genieße es.

Wenn wir nach etwas anderem fragen, zeigt es sich so, wie es sich zeigt und es zeigt sich dann, wann es sich eben zeigt. Es wird sich immer anders zeigen, als du gedacht hast. Wenn es sich zeigen würde, wie du gedacht hast, dass es sich zeigen *sollte*, wäre es ja keine neue Möglichkeit. Es wäre nur eine leichte Veränderung dessen, was ohnehin in deinem Leben ist. Es wäre etwas, das dein Verstand berechnen und in die Zukunft projizieren kann. Es wäre wie eine Visualisierung, was bedeuten würde, dass es niemals großartiger sein kann als das, was dein Verstand fähig ist sich vorzustellen.

Nach einer andern Möglichkeit zu fragen, bedeutet, nach etwas zu fragen, es dann loszulassen und dem ganzen Universum zu erlauben, dir beizutragen. Dann kann es sich großartiger zeigen als alles, was du dir hast vorstellen können.

Ist das interessant für dich?

Das einzige, was du dafür tun musst, ist, all deine Ansichten darüber loszulassen, wie und wann etwas auftauchen soll und es dann, wenn es auftaucht, auch anzunehmen. Ich sage annehmen und ich meine annehmen. Viele Menschen verurteilen das, was das Universum ihnen schenkt, weil es nicht gut genug ist oder weil das Gewünschte nicht in der Form auftaucht, in der man es erwartet hat. Die Abwesenheit von Erwartungen, Bewertungen oder Berechnungen erlauben dir, wirklich zu empfangen.

Der nächste Teil des Rezepts für Veränderung besteht in der Dankbarkeit für was auch immer sich zeigt, wann auch immer es sich zeigt. Dankbarkeit bedeutet vollkommenes Annehmen von allem, was ist. Wenn du dankbar bist, bewertest du nicht. Wenn du für einen Menschen dankbar bist, dann erlaubst du ihm zu sein, wie er ist, ohne dass du erwartest, dass er sich ändert. Wenn du dankbar bist für das, was du empfängst und wenn du dankbar bist für alles, was du kreierst, dann trägst du dazu bei, dass deine Kreation noch großartiger wird. Von diesem Raum der Dankbarkeit aus, wenn du dankbar bist für alles, was ist, kannst du um mehr bitten. Frage:

Was ist jetzt noch alles möglich?
Wie wird es noch besser als das?

Kapitel 16

Ausgebrannt oder Angefeuert?

„Oh mein Gott, ich habe so viel zu tun, ich bin so gestresst. Ich glaube, ich habe ein Burnout.“ Ich höre so viele Menschen darüber sprechen, wie viel sie zu tun und wie wenig Zeit sie haben, während sie all das tun, wovon sie beschlossen haben, dass sie es tun müssen und wie viel Stress ihnen das verursacht und wie schlecht sie sich dabei fühlen. Klingt irgendetwas davon vertraut für dich? Wir haben gelernt, dass es eine bestimmte Anzahl von Dingen gibt, die man tun kann und wenn wir mehr tun, dann wird uns das zu viel, wir werden müde und schließlich krank davon. Wo dabei die Grenze ist, ist für jeden verschieden.

Wo hast du deine Grenze gezogen? Wie viele Projekte kannst du gleichzeitig bearbeiten, bevor du beschließt, dass es zu viel wird? Ist irgendetwas davon wahr? Oder ist es die Ansicht, die die Menschen kreieren, die ihnen sagt, wann es genug ist?

Nimm mich als Beispiel. Ich arbeite als klinische Psychologin in der Psychiatrie. Ich gebe Einzelsitzungen für Klienten. In der Klinik leite ich Gruppensitzungen an, in denen neuropsychologische Tests durchgeführt werden. Zur selben Zeit betreibe ich mein Vollzeit-Unternehmen, das häufiges Reisen beinhaltet ebenso wie Ein – bis Fünf-Tages-Kurse, die ich regelmäßig gebe. Im Augenblick mache ich auch die ganze Verwaltungsarbeit selbst: Internet-Homepage, Kontakte mit Klienten, Organisation, Buchungen, Buchhaltung und alles andere, was zu einem Geschäft eben gehört. Außerdem nehme ich mir die Zeit, für mich selbst und für meinen Körper zu sorgen, indem ich neue Städte entdecke, tanze und mich mit Freunden treffe. Je mehr bei mir los ist, desto entspannter bin ich. Ich dachte immer, es wäre genau anders herum. Ich dachte, wenn ich vieles gleichzeitig zu tun hätte, wäre ich müde und ausgepumpt.

Jedes Mal, wenn ich langsamer gemacht und versucht habe, so wenig wie andere Leute zu tun, wurde ich sehr müde und frustriert.

Heutzutage frage ich immer: „Wen und was kann ich noch zu meinem Leben hinzufügen?" Je mehr ich hinzufüge und je mehr Projekte ich am Laufen habe, desto mehr Energie habe ich. Warum? Weil jede Menge zu tun meiner Energie entspricht und mich dazu bringt, kreativ zu sein. Wie ist es bei dir? Hast du anerkannt, was für dich und deinen Körper wirkt oder kaufst du anderen ihre Ansichten darüber ab, was möglich ist und was nicht möglich ist?

Hattest du jemals ein Projekt, von dem du so inspiriert wurdest, dass du den ganzen Tag daran gearbeitet hast und sogar vergessen hast zu essen? Du hast nichts gegessen, weil dein Körper nicht danach verlangt hat. Dein Körper hat die notwendige Energie von der Energie empfangen, die du erzeugt hast, während du an etwas gearbeitet hast, das dir Spaß macht. Als hätte man einen Motor, der läuft und läuft.

Es gibt da draußen diese Ansicht, dass das gefährlich ist. Es ist nicht gefährlich, solange du auf dich und deinen Körper hörst. Solange du weißt, dass es Zeit ist weiter zu arbeiten, wann es Zeit ist zu laufen oder in der Natur spazieren zu gehen, wann es Zeit ist zu schlafen und wann es an der Zeit ist zu essen.

Dein Körper weiß, was er braucht und er wird es dir sagen, wenn du anfängst, ihn zu fragen. Was sich leicht für dich anfühlt, ist richtig. Es gibt nichts in diesem Spiel, das du falsch machen kannst. Fang einfach an, etwas zu wählen und schau, wie es läuft. Nimm dich wahr und wenn es sich leicht anfühlt, mach weiter, wenn nicht, wähle etwas anderes. Einfach? Zu einfach?

Wen und was sonst kannst du deinem Leben hinzufügen?

Ausgebrannt zu sein, basiert auf der Vorstellung, dass es einen Mangel an Energie gibt. Es gibt keinen Mangel an Energie, es gibt nur Ansichten, die dir nicht erlauben, Zugang zu den verfügbaren Energien zu finden. Bist du dir bewusst, dass dein Körper genug verfügbare Energie in den Mitochondrien hat, um eine Stadt wie San Francisco drei Monate lang mit Strom zu versorgen? Das ist die Energie, die du in deinem Körper zur freien Verfügung hast. Und trotzdem tust du so, als müsstest du die ganze Zeit müde sein. Gewährst du dir jemals Zugang zu all deiner Energie? Müde zu sein und deine Energie als begrenzt zu betrachten, ist eine Ansicht, die Begrenzungen kreiert.

Wie wäre es, wenn du deinen Körper fragst, wie lange er schlafen muss? Das kann jeden Tag anders sein, aber wir haben gelernt, dass wir jede Nacht 6-8 Stunden schlafen müssen. Und dann wundern sich die Leute, warum sie mitten in der Nacht aufwachen und nicht mehr schlafen können. Wie wäre es, wenn du fragen würdest, ob dein Körper mehr

Schlaf braucht? Wenn nicht, steh auf, lies etwas, schreib etwas, genieße die Nacht und die Stille. Großartige Ideen werden in diesen Nachtstunden geboren.

Wenn alle anderen schlafen ist es Zeit zu fragen:

Was würde ich gerne als meine Zukunft erzeugen und kreieren?

Was ist in Wahrheit für mich möglich, das ich noch nicht anerkannt habe?

Während die anderen schlafen und ihre Gedanken still sind, ist es leichter für dich, Zugang zu dem zu finden, was du als großartigere Möglichkeiten für dich und dein Leben wahrnimmst. Frage:

Was würde ich sonst noch gern kreieren, das mein Herz zum Singen bringt?

Wenn es keinen Mangel und keine Begrenzungen gäbe, was sonst würdest du deinem Leben gern noch hinzufügen? Was, wenn du nicht wählen müsstest zwischen Familie und Karriere oder zwischen diesem oder jenem? Was, wenn du alles haben könntest und es für dich funktionieren würde? Was, wenn du nicht alles allein machen müsstest? Welche Menschen kannst du deinem Leben noch hinzufügen, die ein Beitrag zu den Dingen sind, die du kreieren willst? Und was, wenn das ebenso ein Beitrag für diese Menschen wäre? Wenn du Neues in dein Leben holst, dann holst du dir auch neue Energie. Und wenn du beginnst zu wählen, wirst du wahrzunehmen beginnen, was für dich funktioniert und was nicht.

Welche Energie, welcher Raum und welches Bewusstsein kannst du und dein Körper sein, um der ursprüngliche Schöpfer zu sein, der du in Wahrheit bist?

Alles das, was dem nicht erlaubt zu erscheinen, zerstörst und unkreierst du das jetzt? Danke.

Right and wrong, good and bad, pod and poc, all nine, shorts, boys and beyonds.

Kapitel 17

Beziehungen – dein sanfter Tod?

Wie funktionieren Beziehungen für dich? Wenn du einer dieser glücklichen Menschen bist, die wissen, wie sie Beziehungen für sich gestalten können, damit sie funktionieren, dann brauchst du dieses Kapitel nicht zu lesen. Wenn du aber einer der anderen neunundneunzig Prozent bist und dich fragst, wie du es schaffen kannst, dass Beziehungen irgendwann einmal für dich funktionieren, dann empfehle ich dir weiterzulesen.

Weißt du, dass die Definition von Beziehung die Entfernung zwischen zwei Objekten ist?

Zwei Menschen treffen sich, beide glücklich und inspiriert von einander, freuen sich auf etwas Großartigeres, Schmetterlinge im Bauch, wenn sie aneinander denken, glücklich, wenn sie zusammen sind, bis auf....naja, du weißt schon... Wie lange dauert es normalerweise, bis du dich fragst, was eigentlich passiert ist? Wo ist die Freude? Wo ist die Leichtigkeit hin, die doch vorher noch da war? Man fängt an zu diskutieren, streitet darüber, wer Recht hat und macht sich selbst und dem anderen Vorwürfe. Beide versuchen, sich in die Schachtel zu quetschen, die wir Beziehung nennen und es geht langsam bergab mit der ganzen Geschichte. Wir haben gelernt, dass das eine normale Phase in Beziehungen ist, die ernst zu werden versprechen. Witzig, dass man von einer „ernsthaften" Beziehung spricht. Haben wir denn Beziehungen, um ernst zu sein?

Wenn es beginnt, bergab zu gehen, dann hast du begonnen, die Geschichte ernst zu nehmen, sie für bedeutsam zu halten und versuchst zu einem Schluss zu kommen, wohin die Beziehung sich entwickeln wird. Du überlegst dir, wie die Beziehung aussehen könnte und projizierst das in die Zukunft. Ist das der Punkt, an dem du zu ergründen versuchst, ob er oder sie der Richtige oder die Richtige für dich ist und ob er oder sie deinen Erwartungen entspricht?

Beachte, dass die lichte Energie beim Lesen dieses Absatzes verschwindet. Das ist genau das, was passiert, wenn du zu denken beginnst, in deinen Verstand gehst, herumknobelst und in die Zukunft projizierst, wie es mit diesem Menschen an deiner Seite sein könnte. Du trennst dich ab von der Freude, die ihr kürzlich noch miteinander gewesen seid. Wie sehr hast du die Ansicht abgekauft, dass dies eine normale Phase der Beziehung sei und eben ein Teil des Handels und notwendig? Ist das wahr? Lässt dich das leicht fühlen? Wessen Ansicht ist das? Ist es wirklich deine Ansicht? Was ist sonst noch möglich?

Die erste Frage, die du stellen kannst, um mehr Klarheit in diesem Bereich zu erhalten ist: „Wahrheit, wünsche ich mir wirklich eine Beziehung?"

Hast du dir diese Frage jemals gestellt? Oder hast du einfach angenommen, dass du gerne eine Beziehung hättest? Wie sehr hast du dir die Ansicht antrainiert, dass du eine Beziehung haben musst, nur weil alle anderen die gleiche

Ansicht haben und versuchen, eine funktionierende Beziehung zu führen? Glaubst du, es sei notwendig, eine Beziehung zu haben? Immer wenn wir etwas nötig haben, müssen wir irgendwie dagegen ankämpfen, während wir gleichzeitig versuchen, dieses Ziel zu erreichen. Wo ist da die Wahlmöglichkeit? Was ist es, was du wirklich gern hättest?

Was bedeutet Beziehung für dich? Mit wem hättest du gern eine Beziehung, der tatsächlich ein Beitrag für dein Leben wäre? Wie würde eine solche Beziehung aussehen? Was genau erwartest du vom anderen? Was genau erwartet der oder die andere von dir? Die meisten Beziehungen basieren auf dem allgemeinen Wahnsinn. Harte Worte? Schau dich doch um. Wie viele Beziehungen siehst du, in denen beide Partner wirklich glücklich sind, in denen beide sie selbst sind und beide ein wirklicher Beitrag für ihr gemeinsames, sich ausdehnendes Leben sind? Nicht so viele?

Die meisten Menschen schneiden sich ab von ihren besten Eigenschaften, von genau dem, wovon der andere ganz zu Anfang angezogen war, nur um in die Beziehungsschachtel zu passen und um in der Lage zu sein, gemeinsam zu existieren. Ist das genug für dich oder ersehnst du dir mehr? Wie wäre es, wenn du wählen könntest, wie du keine Beziehung kreieren möchtest?

Anstatt dich in der Fantasie zu verlieren, dass eines Tages alles gut wird und dein Partner dich versteht und das ist und tut, was du gerne hättest, könntest du heute mit einer Verjüngungskur für deine Beziehung anfangen. Wie? Indem du dich fragst, „Was an dieser Beziehung funktioniert tatsächlich für mich und was nicht?“ Bei den Bereichen, die nicht funktionieren, frage, ob du sie verändern kannst und wenn ja, wie du sie ändern kannst. Wenn du die Absicht hast, dein Haus zu renovieren, tust du schließlich das Gleiche – du gehst herum und schaust dir alles an, entscheidest, was du behalten und was du loswerden willst, und welches Zimmer einen neuen Anstrich brauchen könnte. Im Fall einer Beziehung ist neben dir noch eine zweite Person involviert, die genauso entscheiden kann, was sie ändern möchte und was nicht. Wenn du gern etwas verändern möchtest, aber dein Partner kein Interesse daran hat, dann ist es an dir, das anzunehmen und dich zu fragen, ob du damit leben kannst.

Stell Fragen, damit du alle Informationen hast, um zu wissen, was genau du in einer Beziehung willst und frage deinen Partner, ob das für ihn oder sie funktioniert. Dann frage dich selbst, ob die Art Beziehung, die dein Partner sich wünscht, für dich funktioniert. Erwarte nicht, dass er oder sie sich ändert und sich das Gleiche wünscht wie du. Das ist pragmatisch.

Ich habe eine verheiratete Freundin und im Schlafzimmer hat ihr Mann ein großes, gemütliches Kissen, auf dem er gerne liegt und er räumt es nie weg. Er lässt es direkt vor dem Bett liegen. Meine Freundin ist in schöner Regelmäßigkeit über dieses Kissen gestolpert, wenn sie nachts aufwachte und ins Badezimmer wollte. Sie hat ihren Mann tausendmal gebeten, doch bitte daran zu denken, das Kissen aus dem Weg zu räumen, bevor sie ins Bett gehen und ebenso oft hat ihr Mann es vergessen. Das ging so über viele Jahre. Mit der Zeit hat sie gelernt, sich nicht mehr darum zu kümmern und darauf zu vertrauen, dass ihr Mann das Kissen vor dem Bett liegen lässt. Sie weiß, dass diese Angewohnheit etwas ist, das ihr Mann nicht ändern wird und sie hat es angenommen. Also fragte sie, wie diese Angewohnheit für sie funktionieren kann. Sie erkannte schließlich, dass sie statt ärgerlich zu werden und die Ansicht zu kreieren, ihr Mann würde sich nicht um ihre Bedürfnisse kümmern, das Kissen selbst wegräumen konnte.

Was ist eine großartige Beziehung? Eine, in der du DU sein kannst.

Eine großartige Beziehung ist eine, in der beide Partner sich selbst und den anderen annehmen. In der keiner vom anderen erwartet, er oder sie würde all ihre Bedürfnisse erfüllen. In der du diesen anderen Menschen sein lässt, wie er ist und ihn tun lässt, was er tun möchte und in der dieser Mensch dich sein lässt, wie du bist und dich tun lässt, was du tun möchtest.

Beachte den Teil mit „sein und tun lassen, was du möchtest". Weißt du überhaupt, was du in diesem Leben möchtest? Oder suchst du bei deinem Partner nach der Antwort? Wie funktioniert das für dich?

Eine großartige Beziehung beginnt bei dir, indem du dir vertraust, dich würdigst, dich annimmst, dankbar für dich bist und verletzlich. Verletzlichkeit bedeutet, dass du keine Barrieren dagegen errichtest zu empfangen, dich nicht zu verteidigen, DU zu sein.

Du bekommst eine Ahnung von dem, was ich meine, wenn du dir vorstellst, dass du so lange im Gras liegst, bis du keine Trennung mehr zwischen dir und der Erde spürst, bis du das Geschenk annimmst, das jedes einzelne Molekül für dich sein möchte. Ja, jedes einzelne Molekül möchte dir beitragen und alles, was du tun musst, ist, dieses Geschenk anzunehmen.

Die meisten Menschen warten lieber darauf, dass der richtige Partner auftaucht und haben bereits beschlossen, was diese Person ihnen beizutragen hat. Wie wäre es, das ganze Universum zu empfangen, statt nur eine einzige Person? Wie wäre es, jedes Geschenk zu empfangen, das du bekommst ohne eine Ansicht darüber, in welcher Form es sich zeigt? Was, wenn du bei jedem Menschen, egal was er sagt oder tut, fragen würdest:

Welches Geschenk ist dieser Mensch für mich, das ich noch nicht anerkannt habe? Welcher Beitrag kann diese Person, diese Situation für mich und meinen Körper sein?

Was wäre dann für dich möglich?

* * *

Wenn es an der Zeit ist, weiter zu gehen.

An dieser Stelle im Buch, wirst du dir nun mehr und mehr bewusst, wie viele Lügen du abgekauft hast, die dein Leben als falsch erscheinen lassen? All die Etiketten – Depression, Angst, Persönlichkeitsstörung – sind eine Art, um zu beschreiben, wie falsch du bist. Es sind Schlussfolgerungen, die dich davon überzeugen, dass etwas mit dir nicht stimmt und dass du nicht zum „A-Team" gehörst, zu den vernünftigen Menschen nämlich. (Ich habe mich immer gefragt, wo diese Leute eigentlich stecken. Wo sind sie, all die Vernünftigen und Normalen? Solltest du welche treffen, sag mir bitte Bescheid. Bisher hab ich nur solche Menschen getroffen, die verzweifelt versucht haben, normal zu sein und alles dafür getan haben, sich anzupassen.)

Bist du dir bewusst, wie sehr du dich unter Kontrolle hast, um nicht aus deiner Schublade zu fallen, um nicht nach einem anderen Rhythmus zu tanzen, nach deinem Rhythmus? Und wie sehr kontrollierst du deinen Körper und dein Wesen, wie viel Leben schaltest du ab? Kein Wunder, dass die Menschen depressiv werden mit all der Energie, die sie in ihrem Wesen und in ihrem Körper unterdrücken und unter Kontrolle halten. Kein Wunder, dass sie sich Schmerz und Leiden und Anspannung in ihren Muskeln kreieren. Wenn du dein ganzes Leben lang hart daran arbeitest, nicht du selbst zu sein und sogar noch härter daran arbeitest, in das hineinzupassen, was man dir als Realität übergeben hat, wirst du ganz sicher verrückt.

Wie viel von deiner Verrücktheit kreierst du dir mit deinem Versuch, normal zu sein?

Was? Ich weiß, dass das keinen logischen Sinn ergibt. Ich sage euch, Wahnsinn und Geisteskrankheiten haben nicht einmal einen Hauch von Logik. Die Mehrzahl allen Schmerzes und allen Leids, das Menschen erfahren, sind nicht kognitiv oder logisch. Sie wurden vielmehr an irgendeinem Punkt aus irgendeinem Grund kreiert, an den man sich nicht mehr erinnert. Und die Ursache für das Leid und den Schmerz ist nicht einmal relevant. Viele Therapien suchen nach der Ursache, als würde das die Probleme lösen.

Hat es jemals irgendetwas für dich geändert, wenn du herausgefunden hast, wo die Ursache für dein Leid liegt? Nach der Ursache zu forschen bedeutet, dass du versuchst herauszufinden, was mit deinem Verstand nicht stimmt. Und was hat das Problem zuallererst überhaupt entstehen lassen? Ja, dein Denken, deine Erkenntnisse, dein Verstand. Wenn du also versuchst herauszufinden, weshalb du ein Problem hast, ist das so, als würdest du nach der Lösung an eben dem Ort suchen, an dem du es kreiert hast. Interessant. Das ist der Punkt, an dem die Menschen sich in ihren eigenen Köpfen verlieren.

Wenn du dich nicht selbst aus deinem Problem heraus denken würdest, wessen würdest du dir bewusst?

Wer hat das Problem kreiert? Wenn du beginnst anzuerkennen, dass es sich dabei tatsächlich um dich handelt, hast du die Chance, neu zu wählen. Sind das nicht großartige Neuigkeiten? Du hast das Problem kreiert, also kannst du es auch wieder unkreieren. Wenn du also nicht abkaufen würdest, dass mit dir etwas nicht stimmt, wenn du nicht denken würdest, dass du schwach und jämmerlich bist, welches Veränderungspotentials würdest du dir bewusst werden?

Wessen bist du tatsächlich fähig, das du noch nicht anerkannt hast?

Wie wäre es, wenn du alles in deinem Leben ändern könntest?

Alles? Beginne damit, Fragen zu stellen. Such dir einen Bereich in deinem Leben aus und frage: „Universum, was braucht es, um das zu ändern und zwar mit größerer Leichtigkeit, als ich mir jemals vorstellen könnte?“ Was, wenn deine Aufgabe tatsächlich einfach nur wäre zu fragen und dem Universum zu erlauben, dir beizutragen? Leicht? Ja.

Also, wie viel von deinem Wahnsinn und deiner Geisteskrankheit hast du kreiert, um in diese Realität zu passen? Geisteskrankheiten und Wahnsinn sind Kreationen, sie sind nicht real. Sie bedeuten nichts anderes, als dass du nicht in die Norm passt und nicht in die Norm zu passen als falsch betrachtet wird. Um dich also wenigstens ein wenig anzupassen, kreierst du dich selbst als geisteskrank. Wer bist du also in Wahrheit, das du niemals anerkannt hast?

Wie wäre es, wenn du, statt in der Vergangenheit herumzuwühlen und traurig darüber zu sein, wie man dich behandelt hat, dich selbst so behandeln würdest, wie man dich hätte behandeln sollen? Was, wenn du dein eigener Traumpartner wärst, wie würdest du dich behandeln? Was, wenn du dir dein bester Geliebter, die beste Geliebte wärst, was würdest du wählen?

Kapitel 18

Glücklich sein ist einfach eine Wahl

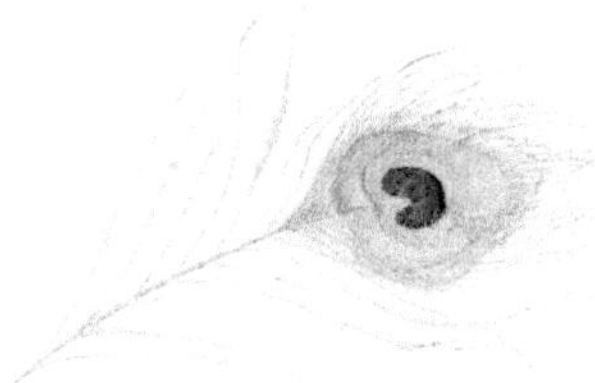

Diese Kapitelüberschrift könntest du provokant finden, falls du überzeugt davon bist, dass Glück nur für eine sehr privilegierte Gruppe von Menschen auf diesem Planeten verfügbar ist und dass du selbst nicht zu diesen glücklichen VIPs gehörst. Hast du entschieden, dass Glück keine von den Wahlmöglichkeiten ist, die dir zur Verfügung stehen? Wie viele Gründe und Rechtfertigungen hast du, um dich davon zu überzeugen, dass Glück keine Wahl ist, die du treffen kannst? „Meine Kindheit, meine Eltern, mein Körper, meine finanzielle Situation, mein dies und mein jenes…“ Was hast du beschlossen, das dich vom Glücklichsein abhält? Wie wäre es, wenn Glück eine Wahlmöglichkeit wäre, die dir zur Verfügung steht? Was, wenn du die Forderung an dich stellen könntest:

Egal, wie meine Vergangenheit war, egal wer ich beschlossen habe zu sein, ich lasse das jetzt los und öffne die Tür zu mehr von mir, zu dem Glücklichsein, das ich in Wahrheit bin.

Wenn irgendetwas in deinem Leben auftaucht, das sich nicht leicht anfühlt, wähle noch einmal. Ja. Wähle einfach noch einmal und richte dich neu aus. Gib „Glück" in dein persönliches Navigationssystem ein und nimm die nächste Abzweigung, die dich dorthin führt.

Wir haben gelernt, Probleme zu beheben, mit ihnen umzugehen, sie zu lösen. Wie wäre es, wenn wir stattdessen eine Frage stellen würden? Zum Beispiel: „Kann ich das ändern?" Wenn du ein Nein bekommst, ändere die Richtung und geh eine andere Straße entlang, wähle etwas anderes, das sich leichter anfühlt. Warum etwas lösen, was nicht lösbar ist? Wähle einfach etwas anderes. Wenn du versuchst, ein Problem zu beheben, das sich nicht beheben lässt, bleibst du darin stecken, verlierst dich darin und schaltest deine Wahrnehmung darüber aus, was jenseits des Problems noch möglich ist. Frage stattdessen:

Was ist hier sonst noch alles möglich? Was kann ich anderes wählen, das mich weitergehen lässt?

Was immer sich als leicht präsentiert, als neue Möglichkeit und zu der Energie dessen passt, was du möchtest, wähle es. Ja, es ist schamlos einfach. Wie viel von deinem Leben hast du damit verbracht, deine Probleme und die der anderen zu beheben? Und was war das Resultat? Hat es dafür gesorgt, dass du das erschaffen hast, was du wolltest oder hat es dich nur noch tiefer ins Kaninchenloch gebracht? Wie oft hast du diese Übung absolviert? Ist es jetzt an der Zeit, eine neue Übung einzuführen? Warum an etwas festhalten, das nicht funktioniert, statt etwas vollkommen Neues auszuprobieren, selbst wenn die meisten Menschen das verrückt oder falsch finden würden? Tu das, was für dich funktioniert.

Schau dir alle Bereiche deines Lebens an und erinnere dich an jedes einzelne Mal, an dem du etwas gewählt hast, das richtig für dich war, obwohl deine ganze Umgebung es für verrückt und total falsch gehalten hat. Hat deine Wahl dein Leben größer und besser gemacht oder kleiner und schlechter?

Das zu wählen, was für dich richtig ist, was dich leicht fühlen lässt und dein Universum erhellt, wird dein Leben erweitern, weil es der Vibration deines wahren Wesens entspricht.

Es entspricht der Energie dessen, was du kreieren möchtest. Du bist verkörpertes Bewusstsein. Die Schwingung, die du wirklich bist, ist leicht und froh und friedvoll. Alles andere sind die Begrenzungen, die du real gemacht hast. Wirklich ist nur das, was du wirklich gemacht hast, mit dem du überein stimmst und dich angleichst, wogegen du Widerstand leistest und worauf du reagierst.

Glücklich zu sein ist eine Wahlmöglichkeit, die dir immer zur Verfügung steht.

Hast du bemerkt, dass du nur dann ein Problem hast, wenn du dein Veränderungspotential nicht anerkennst? Machst du dich selbst machtloser, als du wirklich bist und bist du einverstanden mit der Tatsache, dass du ein Problem hast und es nicht ändern kannst? Eine Frage zu stellen, wird das unverzüglich ändern.

Welche anderen Wahlmöglichkeiten stehen dir zur Verfügung? Diese Frage allein öffnet eine Tür, die du zuvor nicht einmal gesehen hast. Sie gibt dir das Bewusstsein von etwas anderem. Es geht nicht darum, dass du plötzlich ein Bild vor Augen hast oder einen Satz, der die neue Möglichkeit beschreibt. Vielmehr gibt es dir eine Ahnung, dass es da noch etwas anderes gibt, das Bewusstsein einer Energie, das wahrscheinlich jenseits von Worten ist. Das Einzige, was du jetzt noch tun musst, ist, das zu wählen, was dieser Energie entspricht, um etwas anderes in deinem Leben zu kreieren.

Tu es. Je öfter du es übst, desto leichter wird es dir fallen. Es gibt nichts, was du falsch machen könntest.

Für die meisten Menschen gibt es irgendeinen Bereich in ihrem Leben, in dem sie glauben festzustecken – ihre Finanzen, Beziehungen, ihr Körper, Beruf oder Geschäft. Was ist der Bereich in deinem Leben, von dem du beschlossen hast, dass er so problematisch ist, dass sich das niemals ändern kann? Wenn du beschließt, dass du ein Problem hast, machst du dich auf die Suche nach den Beweisen dafür, dass du tatsächlich ein Problem hast. Du suchst nach Rechtfertigungen dafür, um dein Problem wirklich und solide zu machen. Es ist, als würdest du mit diesem Problem eine Mauer errichten und dann jedes Mal einen neuen Ziegelstein hinzufügen, wenn du der Ansicht zustimmst, dass du ein Problem hast. Wenn du beschlossen hast, dass du ein finanzielles Problem hast, dann sagst du jedes Mal, wenn du dein Bankkonto ansiehst: „Oh mein Gott, ich habe so wenig Geld, ich werde meine Rechnungen nicht bezahlen können." Wenn du beschließt, dass du Probleme mit deinem Partner hast, wirst du sagen: „Siehst du, er hat den Müll wieder nicht rausgetragen, er kümmert sich eben nicht um meine Bedürfnisse." Wenn du beschließt, dass du Probleme mit deinem Körper hast, dann siehst du immer nur die Dinge, die mit ihm nicht stimmen. Das alles sind die Bereiche, in denen du keine Fragen stellst und für die du beschließt, dass es ein Problem gibt und dich dann selbst davon überzeugst, dass es sich tatsächlich um ein Problem handelt, dass sich nicht verändern kann.

Die Bereiche, die man als Problembereiche betrachtet, sind die Bereiche, in denen man keine Fragen stellt. In welchen Bereichen deines Lebens stellst du also keine Fragen und hast bereits beschlossen, dass alles hoffnungslos ist? Wie wäre es, wenn du damit beginnst, überall dort Fragen zu stellen, wo es sich nicht leicht anfühlt und nicht so ist, wie du es gerne hättest?

Stelle die vier Fragen:

Was ist das?

Was tue ich damit?

Kann ich es ändern?

Wie kann ich es ändern?

Diese vier Fragen können jede Situation verändern. Dabei geht es nicht darum, die Antworten auf diese Fragen zu finden. Es geht darum, dich mehr deiner Wahrnehmung zu öffnen, damit du aus einer anderen Perspektive auf deine Situation blicken kannst. Statt zu einer Schlussfolgerung zu kommen wie „Ich sitze so fest, ich bin so schlecht, ich fühle mich so traurig", frage, was das ist, ob du es ändern kannst und wie du es ändern kannst.

Wenn du fragst, ob du es ändern kannst, wirst du manchmal ein Nein bekommen. Das erlaubt dir mehr Frieden und Entspannung in dem Wissen, dass du es einfach sein lassen kannst, was es ist und dass du aufhören kannst, so hart an etwas zu arbeiten, das sich im Moment nicht verändern lässt.

Wenn ich mit Klienten arbeite, habe ich diese vier Fragen immer bei mir. Die Klienten erzählen mir ihre Probleme und in Gedanken frage ich, „Was ist das? Was machen wir damit? Können wir es ändern? Wie können wir es ändern?" Nach jeder Frage warte ich auf die Wahrnehmung. Die Wahrnehmung ist keine Antwort, es ist eine Energie, so als ob eine Tür sich öffnet, die mir zu wissen erlaubt, wohin ich mich als nächstes wende.

Wie wäre es, wenn es im Leben nicht darum ginge, mit Problemen fertig zu werden und das Leid zu tolerieren, sondern darum, das Leben zu genießen und es zu genießen, DU zu sein? Wie viel mehr könntest du generieren und kreieren, wenn du die Freude bist, die dein wahres Wesen ist? Wie viel mehr Leichtigkeit würdest du in deinem Leben haben?

Bist du bereit dazu? Bist du bereit, das alte Paradigma zu verabschieden, immer und ewig der Problemlöser zu sein und alles zu tolerieren? Vom Müll-Tolerator zum Kacke-Terminator! (Ich konnte dem Wortspiel einfach nicht widerstehen!)

Wie wäre es, wenn du deinem Leben eine neue Routine hinzufügen würdest – die Routine, dein Leben zu genießen und zu wählen, was sich leicht anfühlt?

Es ist okay, glücklich zu sein. Du kannst einfach herumsitzen und mit den Beinen schlenkern.

Kapitel 19

Hat die Mehrheit wirklich das Sagen?

Lasst uns einen Blick auf jenes Konzept werfen, das einen großen Anteil an dieser Realität hat. Die Mehrheit hat das Sagen. Das bedeutet, dass die numerische Mehrheit innerhalb einer Gruppe die Macht hat, Entscheidungen zu treffen, die für alle in der Gruppe gelten. Lasst uns noch einmal die Welt der Diagnosen besuchen, die ein wichtiger Teil des Gesundheitswesens ist. Der praktizierende Arzt oder Therapeut ist verpflichtet, jeden Patienten zu diagnostizieren, der zu ihm kommt. Ihre Symptome werden in beschriftete Schubladen eingeordnet, die sogenannten Diagnosen.

Worauf basieren diese Schubladen, diese Diagnosen? Das ganze System der Kategorisierung gründet sich auf die Idee, dass die Mehrheit das Sagen hat. Die Art und Weise wie die Mehrheit der Bevölkerung lebt, sich verhält, denkt und fühlt wird als normal angesehen. Das ist die sogenannte Norm, mit der der Rest verglichen wird. Vergleich basiert auf Bewertung. Du betrachtest eine bestimmte Person und du bewertest sie danach, ob sie der Norm entspricht oder nicht. Danach triffst du eine Feststellung. Das ist eine Gleichung, die fast immer für das Leben der meisten Menschen gilt. Du betrittst ein Kaffeehaus und schaust dich nach einem Tisch um, an dem du gern sitzen würdest, basierend auf der Information, die du von den Leuten empfängst, die bereits an den Tischen sitzen, wie sie aussehen, wie sie sich benehmen, ob sie alleine sitzen oder nicht. Du bewertest und folgerst ausgehend von deinen Wahrnehmungen, ob und welche Leute der Norm entsprechen oder eben nicht. Niemand möchte neben jemandem sitzen, der seltsam scheint – gleichbedeutend mit außerhalb der Norm.

Überall und jedes Mal, wenn Menschen interagieren, bewerten sie einander und sich selbst, ob sie sich der Norm entsprechend benehmen, aussehen, denken und fühlen. So wird Realität kreiert. Mindestens zwei Menschen stimmen mit einer Ansicht überein und richten sich danach. Sie kreieren diese Ansicht als real und lassen sie damit zu ihrer Realität werden. Sie erschaffen diese Ansicht als so feststehend, dass sie sie als Referenzpunkt verwenden können, um andere Ansichten als richtig oder falsch bewerten zu können. Je fester diese Ansicht ist, desto realer erscheint sie ihnen. Und sie wird zu „der Sache“. Was immer diese Sache ist, sie wird realer als alles andere. Sie wird zur Richtschnur, zum Standard. Alles, was nicht diesem Standard entspricht, hat keine Chance mehr, auch nur wahrgenommen zu werden, weil es zu anders ist. Die Sache sitzt da wie ein riesiger Elefant. Das ist die Kreation von Begrenzung. Während du dir einen Tisch im Kaffeehaus aussuchst, richtest du deinen Fokus auf die Leute, die dem Standard entsprechen, die Normalen. Was wäre, wenn es da Leute gäbe, die nicht der Norm entsprechen, aber neben ihnen zu sitzen und dich mit ihnen zu unterhalten, könnte dich inspirieren und deine Welt verändern?

Viele Menschen, die nach einem Partner suchen, suchen für gewöhnlich nach der gleichen Person, nur in einem anderen Körper, mit der sie davor eine Beziehung hatten, weil genau die ihrem Standard entspricht. Das ist etwas Vertrautes. Dadurch erschaffen sie sich selbst die gleichen Probleme immer wieder und wieder, weil sie versuchen, das Leben beizubehalten, das sie als normal bewertet haben.

Was hast du als normal bewertet, das deine Begrenzungen aufrechterhält?

Alles das, zerstörst und unkreierst du das jetzt? Danke.

Right and wrong, good and bad, pod and poc, all nine, shorts, boys and beyonds.

Wie wäre es, wenn du die Frage sein könntest, die dir erlaubt, jederzeit großartigere Möglichkeiten wahrzunehmen?

Hast du gemerkt, um wie viel leichter diese letzte Frage sich anfühlt als der Beginn des Kapitels? Noch einmal, was sich leicht anfühlt für dich, ist richtig. Einfach. Wie wäre es, wenn du jedes Mal eine Frage stellen würdest, wenn du oder jemand anders dir „eine Sache" präsentiert und du dich dabei so schwer fühlst? Frage: „Was ist hier die Lüge, ausgesprochen oder unausgesprochen?" Sobald du die Lüge entdeckst, haftet sie nicht mehr an dir und du bist frei. Du denkst nicht einmal mehr daran. Die Mehrheit hat recht. Leicht oder schwer? Was, wenn dieser Satz nur eine interessante Ansicht wäre? Weder richtig, noch falsch, nichts, worauf man reagieren oder dem man Widerstand leisten müsste, nichts dem man zustimmen oder wonach man sich ausrichten müsste. Einfach nur eine interessante Ansicht.

Neulich war ich in einem Geschäft, um ein paar Dessous einzukaufen und ich griff nach einem Teil in der Größe, die ich normalerweise trage. Ich betrachtete es und überlegte: „Hmm, das ist irgendwie zu groß für meine Größe, was ist damit los?" Die Verkäuferin sah zu mir her und antwortete auf meine nonverbale Frage. „Das ist nicht Ihre Größe. Nehmen Sie es eine Nummer kleiner. Wir haben gerade all unsere Größen geändert, um sie dem europäischen Standard anzupassen. Das bedeutet, dass alle jetzt eine Nummer kleiner brauchen."

Wie witzig ist das denn? Die ganzen Größenstandards in der Bekleidung haben sich geändert, weil die meisten Menschen dicker geworden sind und jetzt haben wir einen neuen Standard. Früher hatte ich Medium und jetzt bin ich kein Durchschnitt mehr; jetzt bin ich unter dem Durchschnitt. Ist das nicht lustig? Und ziemlich schlau. So viele Menschen fühlen sich besser, wenn sie eine Nummer kleiner tragen können, ohne etwas dafür tun zu müssen. Es ist sicher eine großartige Idee, um die Leute dazu zu bringen, mehr einzukaufen.

Alles ist nur eine interessante Ansicht und nicht real.

Alles kann sich ändern.

Was normal oder nicht normal ist in dieser Realität, basiert auf der normalen Verteilung, die von der Mehrheit diktiert wird. In der Bell-Kurve sind 68 Prozent in der Mitte und damit das, was als normal angesehen wird. Der Rest liegt entweder darunter oder darüber. Was die Menschen versuchen, ist, ihren Platz in dieser Realität zu finden, in Bezug darauf, wie die Mehrheit funktioniert. Manche Menschen platzieren sich in die Mitte, dorthin, wo die Mehrheit sitzt. Andere wählen, großartiger zu sein und wieder andere treffen die Wahl, geringer zu sein. Ja, auch da hat man die Wahl.

Wo platzierst du dich im Schema dieser Realität?

Platzierst du dich dort, wo die Mehrheit ist oder machst du dich selbst großartiger oder geringer?

Sieh dir die verschiedenen Bereiche deines Lebens an und wo du dich in diesen Bereichen platzierst. Vielleicht erlaubst du dir, großartiger als die meisten anderen Menschen in Beziehungen zu sein und geringer im finanziellen Bereich. Oder andersherum.

Ich lade dich ein, dir bewusst zu werden, dass die Menschen ununterbrochen berechnen und bemessen, was man zu sein und zu haben hat, um normal zu sein. Wie viel Geld normal ist und man durchschnittlich haben kann, wie viel Erfolg im Geschäftsleben normal ist, wie viele Kinder man normalerweise haben sollte und so weiter. Und dann berechnen sie, wo sie gerne sein würden in Bezug auf die Ideale dieser Realität. Wie viel Wahl erlaubt all das? Nicht so viel. Hast du jemals gefragt, was du gerne als dein Leben haben und erschaffen möchtest, das vielleicht nicht zu den Idealen dieser Realität passt?

Was macht dich glücklich, das vielleicht nicht normal sein mag?

Wenn du dein Leben mit dem Versuch verbringst, dich anzupassen und normal zu sein, wirst du niemals wissen, was dich glücklich macht. Was, wenn du und deine Realität weit jenseits der Maximierung dieser Realität lägen? Weit außerhalb der Skala? Wie viel Wahl und Zugang zu der Großartigkeit, die du bist, würdest du dann haben?

Wie man seinen Platz in dieser Realität mit Geisteskrankheiten findet

Geisteskrankheiten sind eine Art, sich selbst unter den Durchschnitt der Bell-Kurve zu platzieren. Geisteskrankheiten sind eine Art, sich anzupassen, eine Art, seinen Platz in dieser Realität zu finden. Dieser Versuch kreiert ein widersprüchliches Universum, in dem der Betreffende es genießt, anders zu sein, aber nicht bereit ist, zu anders zu sein und einen Widerstand dagegen kreiert, zu anders zu sein. Er erschafft sich einen Grund und eine Rechtfertigung, um immer noch angepasst zu sein.

Der Widerstand dagegen, vollkommen anders zu sein und sich zur Anpassung zu zwingen, erschafft viel Leid, psychologischen und physiologischen Schmerz. Menschen mit Geisteskrankheiten verteidigen in irgendeiner Art diese Realität und das, wofür die anderen sie halten.

ADHS, Zwangsstörungen, Autismus und Bipolarität zum Beispiel sind alles Arten, um so weit wie möglich vom Durchschnitt abzuweichen, also dem Bereich, in dem die Mehrheit der Menschen funktioniert, ohne dabei vollkommen verrückt zu werden. All diese Diagnosen sind eine Wahl, die Menschen getroffen haben, um den Eindruck zu erwecken, dass sie untauglich seien. Tatsächlich würde die Anerkennung das Annehmen ihrer Fähigkeiten ihnen erlauben, über die Skala hinaus zu gehen und die Großartigkeit zu sein und zu empfangen, die sie in Wahrheit sind.

Wie viel von deinem Bewusstsein musst du abtrennen, um Geisteskrankheiten real zu machen und dieser Ansicht zuzustimmen und dich ihr anzugleichen?

Interessant, dass man annimmt, nur weil viele Menschen sich auf eine bestimmte Art und Weise benehmen, dass das die richtige Art und Weise ist. Wie viel Energie verwendest du täglich, um das zu einer Realität für dich zu machen?

Spüre diese Energie genau jetzt. Verbinde dich mit deinem Körper, indem du einen tiefen Atemzug nimmst und lass deinen Atem von deinem Kopf bis zu deinen Zehen fließen und spüre die Energie, die du in deinem Körper einschließt, um dich normal erscheinen zu lassen. Jetzt stelle die Frage:

Welche Energie, welcher Raum und welches Bewusstsein kann ich und mein Körper sein, um diese Energie dazu zu verwenden, ich zu sein und mein Leben zu kreieren?

Nachdem du diese Frage gestellt hast, nimm die Energie wahr. Hat sie sich verändert? Es gibt nicht die richtige Art, etwas zu fühlen. Gib dem einfach die Erlaubnis, deine Welt zu verändern. Es kann sein, dass du dein Bedürfnis, dein Leben und dich zu kontrollieren aufgeben musst. Wenn du die Kontrolle aufgibst, was meint dein Körper dazu? Hörst du ihn jubeln?

Was, wenn die Kontrolle aufzugeben, der Weg wäre, um vollkommene Kontrolle zu erlangen? Außer Kontrolle zu sein, bedeutet, vollkommen bewusst zu sein und jederzeit jede nur mögliche Information zu empfangen. Dieser Zustand erlaubt dir zu wissen, welchen Schritt du als nächstes unternehmen sollst und wann du deine Realität erschaffen kannst, weil du nicht länger versuchst, mit deinem Verstand herauszufinden, was gut und was schlecht ist. Frage:

Was braucht es für mich, um vollkommen außer Kontrolle, außerhalb jeder Form, Struktur und Signifikanz zu sein?

Dies ist der Ort, an dem du alles sein kannst und dich jederzeit selbst neu erschaffen kannst. Vollkommene Wahl. Spaß?

Welche herrlichen und glorreichen Abenteuer warten auf dich?

Kapitel 20

„Raumphobie" – Vermeidest du Raum einzunehmen?

Neulich hatte ich Spaß so wie jeden Tag. Ich war in meiner Wohnung, hatte nichts Besonderes geplant und als ich da so saß, wurde mir bewusst, dass ich tatsächlich nirgendwo hin musste. Es gab kein Bedürfnis in meiner Welt, irgendetwas zu tun oder irgendjemanden zu treffen. Kein Bedürfnis, irgendetwas Köstliches zu essen. Nicht einmal das Bedürfnis, den Raum mit Gedanken zu füllen. Nur Raum und keine Bedürfnisse.

Mir wurde bewusst: „Wow, wie sehr ist das der Raum, den die meisten Menschen vermeiden? Der Raum, den die Menschen mit Gedanken, Gefühlen, Sex, Beziehung oder mit irgendetwas füllen, das sie zu tun haben?" Dieser Raum ist für die meisten Menschen zu unbequem, weil es dort keine Notwendigkeiten gibt, keinen Standard, keinen Referenzpunkt, von dem du ableiten könntest, wohin du dich wenden oder was du tun sollst. Der Raum absoluter Wahl. Der Raum, im dem du kreieren kannst, was du in Wahrheit wünschst.

Nur zum Spaß hab ich mir den Namen „Raumphobie“ einfallen lassen. Der Raum, den die meisten Menschen auf jede nur mögliche Weise meiden wie die Pest und zwar in einem solchen Ausmaß, dass sie tatsächlich eine Phobie dagegen entwickeln, dieser Raum zu sein.

Eines Tages war ich auf einer Pferdemesse und dort war es so überfüllt, dass ich die aufkommende Gereiztheit der Menschen spüren konnte, zusammengedrängt mit so vielen anderen an einem Platz zu sein. Ich wusste, ich hatte die Wahl, mich entweder von der allgemeinen Gereiztheit anstecken zu lassen und selbst gereizt zu werden, oder der Raum zu sein, in dem diese Gereiztheit mich nicht berührte. Ich traf die Wahl, meine Energie soweit wie möglich über die Messe hinaus auszudehnen, mich mit den Pferden und der Natur zu verbinden, mit der Erde, den Bäumen und dem Meer und ich bat mich und meinen Körper diese Schwingung zu sein. Es genügte, eine Wahl zu treffen und darum zu bitten, diese Schwingung zu sein. Ich musste nichts Besonderes tun oder ein Ritual abhalten, um dieser Raum zu werden. Ich habe mich einfach verbunden.

Und alles wurde friedlich und leicht. Ich war mir einfach nur der Schwingung bewusst, die hier durch die Gedanken und Ansichten der anderen kreiert wurde, und ich war vollkommen ruhig und unberührt davon. Nach einer Weile wusste ich, dass es Zeit für mich wurde zu gehen.

Interessanterweise nahm ich so viele Körper um mich herum wahr, die ebenfalls gehen wollten, aber die dazugehörigen Menschen hörten nicht auf sie. Sie hatten beschlossen, dass sie eine gewisse Zeit auf der Messe bleiben müssten, solange wie sie eben beschlossen hatten, dass es richtig sei zu bleiben. All diese Menschen, mit ihren Gedanken und Gefühlen hatten eine Dichte kreiert, die sie Realität nennen, in der sie sich wohlfühlten, weil sie ihnen vertraut war. Sie ziehen es vor, an einem Ort zu bleiben, an dem sie sich heimisch fühlen und dabei gereizt zu sein, statt auf ihre Körper zu hören, die ihnen sagen, was sonst noch möglich wäre, um mehr Leichtigkeit zu erhalten. Obwohl ihre Körper laut schrieen und sie darum baten, woandershin zu gehen, konnten sie sie nicht hören wegen all der Dinge, die sie bereits entschieden hatten.

Das ist ein Beispiel dafür, dass Menschen alles tun, was sie können, um nicht der Raum zu sein, der sie in Wahrheit sind. Sie sind süchtig danach, diesen Raum, der sie sind, mit der Polarität der Gedanken und Gefühle zu füllen und mit dem, was sie zu tun haben und mit den Menschen, die sie treffen müssen, mit den Beziehungen und der Karriere, die sie kreieren wollen. Ein anderes Beispiel ist das Drama und Trauma, das sie kreieren, gegen die jede Fernsehserie vor Neid erblassen würde. Sie suchen sich Streitereien aus oder machen sich zum Opfer, um ein Drama zu kreieren, das ihnen genug Unterhaltung verschafft, damit sie sich nicht langweilen.

Ich habe einen Freund, der solch ein brillantes, liebevolles, machtvolles Wesen ist, und sobald er damit beginnt, dieser Raum, der er wahrhaftig ist, zu sein und jedes Mal, wenn er kurz davor ist, sein phänomenales Leben zu kreieren, wählt er entweder die Beziehung mit einer Frau, die ihn wieder zum Ausgangspunkt zurück bringt oder er erlaubt seiner Ex-Frau, ihn zu quälen und ihn für seinen Erfolg zu verurteilen. Er kreiert seine Beziehungen nicht, damit sich sein Leben ausdehnt und als Beitrag zu der Brillanz, die er in Wahrheit ist. Nein, er hat die Wahl getroffen, dass eine Frau die Antwort, die Lösung und der Referenzpunkt ist, um nicht den Kontakt zur Realität zu verlieren, um unter Kontrolle zu sein und um sicherzugehen, dass er nicht alleine ist.

Kann ein unendliches Wesen jemals allein sein? Diese Lüge ist es, die so viele Menschen dazu bringt, Beziehungen einzugehen, die für sie nicht funktionieren. Sie haben lieber eine schlechte Beziehung als gar keine. Wie bitte?

Was verwendest du, um dich in dieser Realität zu verankern und was ist wirklich und normal? Wen und was verwendest du, um dich zu kontrollieren, damit du dich nie in deiner ganzen Brillanz zeigst? Wer oder was ist dein immerwährender Gefängniswärter, der dich in alle Ewigkeit gefangen hält?

Ist es jetzt an der Zeit, alles das zu zerstören und unzukreieren, das du selbst ursprünglich kreiert hast, um dich eben darin festzuhalten? Sag einfach „Ja" zu dir selbst, wenn du wählst, das zu ändern. Mehr ist dafür nicht nötig.

Was ist jenseits all dessen möglich? Der Raum jenseits der Gedanken, Gefühle, Emotionen, Ansichten, Schlussfolgerungen, Projektionen, Erwartungen, Bewertungen, Zurückweisungen und Trennungen. All diese Dinge benutzt du, damit du dich wie alle anderen fühlen kannst. Raum zu sein, hat keinen Wert in dieser Realität, weil man ihn nicht erkennen oder beschreiben kannst. Der Raum, der du in Wahrheit bist, der du tatsächlich bereits bist, ist der Raum, in dem du DU sein kannst wie das Meer, die Sonne, die Erde und die Tiere. Der Raum, in dem du die Frage bist, die Wahl, die Möglichkeit, der Beitrag und in dem du DICH kreieren kannst. Der Raum, in dem du dein Leben kreieren kannst, deine Karriere, deine Freundschaften und dein Geld, genauso wie du es dir wirklich wünscht.

Wie?

Frage danach und dann erlaube, dass es sich zeigt, wann immer es sich zeigt und auf welche Art es sich zeigt. „Was braucht es, damit ich mehr Geld habe, als ich jemals ausgeben kann?" Und nimm die Information darüber an, was es für dich braucht, das zu kreieren. Lass dir Zeit. Triff nicht die Schlussfolgerung, dass es sich gar nicht zeigt, nur weil es sich nicht schon gestern gezeigt hat. Stell diese Frage bei allem, was du kreieren willst, was auch immer es ist:

Was braucht es für ... sich zu zeigen?

Der Raum zu sein, der du bist, ist der Ort, an dem du keine Ansicht oder Bewertung mehr real oder signifikant machst. Du nimmst alles an und bewertest nichts. Du bist nicht länger das Resultat von irgendetwas, weil du allem erlaubst, zu dir zu kommen mit Freude, Leichtigkeit und Herrlichkeit und du erlaubst allem, dir, deinem Körper und deinem Leben beizutragen. Dieser Raum zu sein, macht dich zum Katalysator für eine ganz andere Welt. Wenn du alles vollkommen annimmst, sind die Menschen um dich herum nicht mehr fähig, an ihren starren Ansichten festzuhalten. Diese Ansichten schmelzen in deiner Gegenwart. Alles was eine Erfindung ist, wie Gedanken, Gefühle und Emotionen, Bewertungen und Ansichten, zerstreut sich in deiner Gegenwart. Das ist es, was die Menschen in deiner Umgebung dazu einlädt, eine Wahl zu treffen.

Alles im Leben kommt zu dir mit Leichtigkeit und Freude und Herrlichkeit!™

Das ist ein Mantra, das du verwenden kannst, um alles im Leben mit Leichtigkeit, Freude und Herrlichkeit anzunehmen. Das Gute und das Schlechte. Sag dieses Mantra jeden Morgen zehn Mal und zehn Mal am Abend und Leichtigkeit wird dich begleiten!

Kapitel 21

Vorsicht vor sogenannten Experten

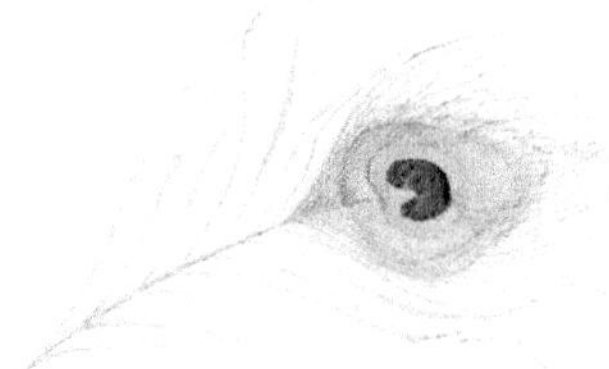

Es gibt viele Experten in dieser Realität. Experten sind Leute, deren Rolle es ist, im Besitz der Antworten zu sein. Üblicherweise können Experten Zeugnisse vorweisen, akademische oder andere. Ärzte, Therapeuten, Psychologen, Sozialarbeiter oder Berater sind einige der Experten in dieser Realität.

Wenn man ein Experte ist, wird man selten in Frage gestellt. Die Leute behaupten in allen möglichen Bereichen, Experten zu sein. Sie sind Experten, weil sie das von sich behaupten, nicht weil sie es besser wissen. Viele Experten, vor allem solche, die von sich selbst behaupten, sie seien einer, erklären ihren Klienten, wie das, was sie bisher gemacht haben, nicht funktioniert und dass sie, als Experten die Antwort und die Lösung hätten.

Bei Experten nach Antworten zu suchen, bedeutet, dass du die Ansicht eines anderen wertvoller machst als das, was du weißt. Du hörst auf, auf dich selbst zu hören, zugunsten der Ansicht des Experten. Du verurteilst dich, ob du nun das Richtige oder das Falsche tust. Das ist der Punkt, an dem du herauszufinden versuchst, was du tun solltest, um es richtig zu machen, damit du verhindern kannst, dass du es falsch machst. Kreiert das irgendeine Art von Freiheit für dich? Kreiert das etwas, das für dich wirklich funktioniert?

* * *

Auf einer meiner Reisen habe ich mich mit einem Arzt unterhalten, der viele Patienten hat, die starke Raucher sind und deren Lungen schwer geschädigt sind. Er war überzeugt davon, dass all seine Patienten sofort aufhören würden zu rauchen, wenn sie es nur schaffen würden.

Wenn du das hörst, fühlt sich das leicht oder schwer an? Handelt es sich um eine Wahrnehmung oder um eine Antwort? Eröffnet diese Ansicht großartigere Möglichkeiten oder nicht? Wie sehr kauft dieser Arzt seinen Patienten die Lüge ab, dass sie gern aufhören würden zu rauchen, nur weil sie es behaupten? Und wie viele Beweise, glaubst du, wird er täglich dafür finden, dass seine Ansicht richtig ist? Jeder Patient, der ihm erzählt, dass er gerne aufhören würde zu rauchen, wenn er nur könnte, verstärkt seine Ansicht, überzeugt ihn mehr davon, dass es schwierig für die Menschen ist, mit dem Rauchen aufzuhören. Indem er diese Ansicht abkauft, bestärkt er mit seinen Rückmeldungen die Ansicht seiner Patienten und überzeugt sie nur noch mehr davon. Das hat nichts mit Ermächtigung zu tun.

Ich sage nicht, dass dieser Arzt unrecht hat. Ich lade dich dazu ein zu sehen, dass das etwas ist, das in dieser Realität ununterbrochen geschieht.

Die Menschen füttern sich selbst und andere mit Lügen, versinken tiefer und tiefer im Kaninchenloch ihres Leids, ohne jemals eine Frage zu stellen. Wie wäre es, wenn du

Fragen stellen könntest, um dich und andere zu ermächtigen? Wie wäre es, wenn du ehrlich wärst und dich wirklich fragen würdest:

Wahrheit, möchte ich das wirklich ändern, hätte ich wirklich gern eine andere Möglichkeit als das Leid, das ich wähle?

Wenn du ein „Nein" bekommst, großartig. Dann weißt du, was deine Ansicht in diesem Moment ist. Du weißt, dass du nicht wirklich etwas ändern willst und du kannst aufhören, so hart an einer Veränderung zu arbeiten, die du in Wahrheit gar nicht willst. Das wäre so, als würde deine rechte Hand gegen deine linke Hand kämpfen und alles, was du davon hast, ist mehr Schmerz. Es ist nichts schlecht oder falsch daran, wenn man nichts ändern will. Es ist einfach eine Wahl. Wenn du erkennst, dass du kein Interesse an einer Veränderung hast, öffnest du die Tür zu sogar noch mehr Wahlmöglichkeiten. Du kannst dich selbst fragen:

Funktioniert das für mich, dass ich keine Veränderung will? Worin liegt der Wert, wenn ich an meinem Schmerz und meinem Leid festhalte?

Was auch immer auftaucht, du musst nicht versuchen, dafür Worte zu finden. Frage dich einfach: „Was auch immer das ist, das auftaucht, wenn ich diese Fragen stelle, werde ich das jetzt zerstören und unkreieren?" Wenn dir ein „Ja" kommt, verwende den Klärungssatz, um die Begrenzung aufzulösen.

Right and wrong, good and bad, pod and poc, all nine, shorts, boys and beyonds.

Ich empfehle dir, dass sehr oft zu wiederholen, weil jede Wiederholung eine weitere Schicht der Begrenzungen klärt.

Warum Menschen keine Veränderungen wollen, ist schwer zu verstehen, weil es um so viel Leid geht. Wenn es logisch und verständlich wäre, gäbe es keine Probleme auf dieser Welt. Wir hätten alle Lösungen schon lange gefunden.

Viele Menschen warten ziemlich lange und leiden sehr, bevor sie etwas anderes wählen. Daran ist nichts Falsches. Manchmal müssen die Menschen sich selbst so lange quälen, bis der Schmerz heftig genug ist, damit sie nach einer Veränderung verlangen. „Nein, ich möchte nichts ändern" kann sich leicht in „Ja, ich wähle Veränderung" verwandeln. Es ist aber notwendig, dass du zuerst einmal das „Nein" wahrnimmst, bevor du zu dem „Ja" kommen kannst. Wenn du erst das „Ja" gewählt hast, ist Veränderung viel leichter, als du denkst.

Neunzig Prozent von dem, was nötig ist, um etwas zum Großartigeren zu verändern, ist die Wahl, es zu verlangen: „Ja, ich ändere das jetzt und tue, was auch immer notwendig ist." Erwarte nicht, dass sich die Dinge in der nächsten Sekunde verändern. Lass ihnen ein wenig Zeit. Indem du von dir verlangst, etwas Großartigeres zu haben, hast du bereits die Tür geöffnet und der Rest wird folgen. Sollte es länger dauern, als du vielleicht möchtest, gib nicht auf, komme nicht zu der Schlussfolgerung, dass es nicht funktioniert. Sobald du beschließt, dass es nicht funktioniert, hältst du das auf, was du gerade begonnen hast zu kreieren. Frage weiter nach etwas Großartigerem und wähle das, was dein Leben leichter macht. Du hast alles, was du brauchst, um das zu kreieren, was du dir in Wahrheit wünschst. Es gibt nichts und niemanden, der dich aufhalten kann, außer du lässt es zu.

Alles ist das Gegenteil von dem, was es zu sein scheint. Und nichts ist das Gegenteil von dem, was es zu sein scheint.

Das Beispiel mit dem Arzt zeigt, wie Experten ihre Rolle benutzen können, um den Menschen die Antworten zu geben, die sie für richtig halten, ohne bereit zu sein, das zu sehen, was wirklich vor sich geht und ohne Fragen zu stellen, die etwas anderes kreieren. Menschen zu ermächtigen, ob du in der Rolle eines Experten bist oder nicht, ist viel einfacher, als du vielleicht denken magst. Du kannst dumm wie Brot sein und Menschen dazu ermächtigen zu sein, was sie in Wahrheit sind.

Alles ist das Gegenteil von dem, was es zu sein scheint. Und nichts ist das Gegenteil von dem, was es zu sein scheint. Dumm oder brillant?

Menschen zu ermächtigen ist einfach und macht Spaß. Wie das? Du musst keine einzige Antwort haben. Du stellst den Menschen Fragen, um ihnen die Erkenntnis dessen, was für sie wahr ist, zu erleichtern. Als Experte hältst du die Antworten bereit und diese Antworten sind wichtiger als alles andere. Jedes Mal, wenn du zum Arzt gehst, fragst du da dich und deinen Körper, was ihr braucht oder verlässt du dich darauf, dass dein Arzt die richtige Antwort für dich weiß? Wie kann dein Arzt es besser wissen? Er mag vielleicht mehr Informationen als du haben, aber das bedeutet nicht, dass er es besser weiß. Du könntest die Informationen des Experten annehmen und dann dich selbst und deinen Körper fragen: „Wahrheit, was weiß ich darüber? Was würde für mich funktionieren? Was macht mein Leben einfacher? Körper, was brauchst du?"

Du weißt. Je mehr Fragen du dir selbst stellst, umso einfacher wird es für dich werden zu wissen. Es ist, als würde man einen Muskel aufbauen. Jedes Mal, wenn du dich auf jemanden oder etwas verlässt, gibst du deine Macht auf und machst dich zum Resultat der Ansicht eines anderen. Das ist ein riesiger Bärendienst, den du dir und der Welt erweist. Was du weißt, ist ein Geschenk für die Welt.

Es gibt viele Experten, die davon überzeugt sind, dass die Menschen nicht wissen. Sie hängen an der Ansicht, dass diese Menschen zu krank sind, um zu wissen, zu leidend oder zu behindert. Nichts und niemand kann dir jemals dein

Wissen wegnehmen. Es ist das, was dein wahres Wesen ist. Niemand kann dir das wegnehmen. Keine Krankheit, kein Mensch, nichts. Was du weißt und in Wahrheit bist, kann vernebelt sein und es mag schwierig sein, Zugang dazu zu finden, wenn Menschen krank sind, Drogen nehmen oder als „geisteskrank" etikettiert sind. Du kannst wählen, das zu sein, was du in Wahrheit bist und das zu wissen, was du weißt.

Als ein Experte kannst du wählen, ob du deine Ausbildung zu deinem wertvollsten Produkt machst, oder ob du deine Rolle dazu verwendest, Menschen zu dem Wissen zu ermächtigen, dass sie wissen.

Nutzlos sein

Therapeuten fragen mich oft, welchen Ansatz ich habe, wenn ich meine Sitzungen mit Klienten abhalte. Mein Ansatz ist, dass ich vor der Sitzung frage: „Wie nutzlos kann ich hier sein?" Viele Experten bringt das zum Lachen oder sie starren mich mit offenem Mund an. "Was meinst du mit „nutzlos"? Fängst du an, erst nützlich zu sein und dann nutzlos? Wie funktioniert das? Ich fange damit an, nutzlos zu sein und ich bleibe nutzlos. Als Experten haben wir gelernt, nützlich zu sein. Wir sind dazu angehalten, Probleme zu behandeln und in Ordnung zu bringen, die richtige Antwort parat zu haben, die Lösung und das zu tun, was richtig ist und den Klienten rettet. Wie gut funktioniert das?

Experten übernehmen viel Verantwortung.

Wie viel Spaß macht es, diese Art von Verantwortung für dich zu haben? Ja, Spaß. Warum machst du deine Arbeit? Um zu leiden oder um Spaß zu haben? Ich weiß, dass in ernsthaften Expertenkreisen nicht erlaubt ist, Spaß zu haben.

Für mich schon. Ich breche die ernsthafte Regel. Was ist mit dir? Verantwortlich für das Ergebnis deiner Arbeit zu sein, wenn es eine andere Person betrifft, bedeutet jede Menge

Druck, der auf dem Experten lastet. Das ist nicht die klügste Wahl. Wenn du jetzt ärgerlich wegen dieser Unterhaltung wirst, möchtest du dir das vielleicht bei dir selbst anschauen.

Was wehrst du ab zu sein und zu wählen, das, wenn du es sein und wählen würdest, deine Praxis und dein Leben erweitern würde, jenseits dessen, was du jemals für möglich gehalten hast?

Welche Freiheit könntest du dir gewähren, die dein ganzes Leben erweitern würde? Wenn du dich verantwortlich fühlst für das, was ein anderer wählt oder deinen Erfolg davon abhängig machst, dass es deinem Klienten besser geht, wirst du vielleicht feststellen, dass du ziemlich schwer dafür arbeiten musst. Und die Frage bleibt: „Ermächtigt das den anderen?" Gibt's du ihm wirklich den Raum, für sich selbst zu wählen?

Früher dachte ich immer, dass ich jeden heilen und glücklich machen muss und dass das Ziel meiner Sitzungen sein sollte, Menschen vernünftiger zu machen und ihnen dabei zu helfen, ihre Probleme zu überwinden. Nach meinem Arbeitstag war ich müde und meine Energie erschöpft und die meisten Wochenenden habe ich verschlafen. Ich wusste, dass sich das ändern musste. Ich begann zu erkennen, dass es nicht in meiner Verantwortung lag, ob Menschen die Wahl treffen, sich zu ändern oder nicht. Ich kann ihnen die Werkzeuge geben, die Informationen und die Prozesse, um sie wissen zu lassen, dass sie die Wahl haben. Was sie dann wählen, liegt an ihnen. Das ist die größte Fürsorge und Ermächtigung – die Menschen wählen zu lassen, was sie wählen müssen, ohne eine Ansicht darüber zu haben. Ich bin weder ihr Erlöser noch muss ich glauben, dass ich ihnen helfen sollte. Ich kann sie bis zu dem Punkt ermächtigen, an dem sie wissen, dass sie eine Wahl haben.

Nutzlos zu sein, wenn ich in einer Sitzung mit einem Klienten bin, erschafft diesen Raum, in dem Menschen erforschen können, wo sie sind und was sie gerne wählen möchten. Dort ist es, wo ich nicht irgendwelche Antworten oder Ansichten habe, in welche Richtung die Sitzung gehen sollte oder welche Themen wir abdecken sollten oder welches Ergebnis am Ende herauskommen sollte. Nutzlos zu sein, entlässt mich aus der Notwendigkeit, Antworten liefern zu müssen und zu beweisen, dass ich nützlich bin und das sorgt für Entspannung bei mir und dem Klienten.

Hattest du jemals eine Sitzung mit einem Experten, der verzweifelt versucht hat, dir Antworten zu geben, dich zu ändern, dich zu überzeugen, dass seine Methode dich retten würde? Wie war das? Ich weiß, dass ich jedes Mal ein solcher Experte war, wenn ich gedacht habe, ich wüsste es besser als mein Klient und ich weiß, wie beengend das für mich und meinen Klienten war. Es führte nirgendwo hin und das Ergebnis war, dass ich mich als Versager fühlte und meinem Klienten ging es wahrscheinlich genauso.

Die meisten Therapeuten machen sich von dem Ergebnis der Sitzung abhängig, von dem, was der Klient davon haben sollte und dass sich sein Leben dadurch verändern sollte. Wie wäre es, wenn es an dem Klienten liegt, ob er sich verändert oder nicht? Loszulassen von dem angestrebten Ergebnis, kreiert für den Therapeuten mehr Leichtigkeit und ebenso für den Klienten. Klienten wissen, wenn ein Therapeut darauf abzielt, sie zu verändern und sie wissen, welche Veränderung der Therapeut anstrebt. Sie haben einen sechsten Sinn dafür und es bringt sie dazu, härter zu arbeiten, als sie eigentlich müssten, anstatt sich zu erlauben, es leicht zu haben.

Oder der Klient reagiert im Gegenteil mit Widerstand gegen den Therapeuten und verhindert dadurch, dass Veränderung möglich ist. Wie wäre es, wenn der Therapeut einfach die Werkzeuge zur Verfügung stellt und der Klient wählt, wie und wann er sie anwendet?

Nutzlos zu sein, erlaubt mir und meinem Körper, mich zu entspannen und die Fragen zu stellen, die das Bewusstsein meines Klienten öffnet. Es geht darum, keinerlei Ansicht worüber auch immer zu haben, die Sitzung zu genießen, ohne sie vom Ergebnis abhängig zu machen, der Raum für die Möglichkeiten zu sein, die auftauchen und dem Klienten und mir zu erlauben, uns überraschen zu lassen, was tatsächlich möglich ist, jenseits der erfundenen Begrenzungen. Es schafft Leichtigkeit, wenn wir beide im Erforschungsmodus sind. Viele „Aha-Momente" tauchen auf und der Klient lernt dabei, seinem eigenen Wissen zu vertrauen und sich nicht auf mich zu verlassen.

Sexualness

Wie kommt Sexualness in diese Unterhaltung?

Sexualness hat einen großen Anteil daran, Veränderung zu sein, zu kreieren und zu erleichtern.

Sexualness ist die heilende, nährende, ausdehnende, orgastische und freudvolle Energie, die in unseren Körpern fließt. Das ist unser natürlicher Wesenszustand. Kinder sind mit dieser Energie sehr vertraut. Sie sind höchst sexuelle Wesen. Sie kommen hierher und haben Freude mit sich und ihren Körpern, immer auf der Suche nach etwas oder jemandem, mit dem sie spielen können. Sie sind voller Energie und wenn sie müde sind, brechen sie an Ort und Stelle zusammen und schlafen ein. Was auch immer sie in ihrem Spiel wählen, trägt zu noch mehr Spiel und noch mehr Energie bei.

Hast du beschlossen, dass du selbst nicht mehr so sein kannst, weil du jetzt erwachsen bist?

Ist das wahr? Oder kannst du es sein und dieser Energie in einer Art und Weise Ausdruck verleihen, die für dich funktioniert?

Wenn du diese Sexualness bist, wirst du Veränderung und neue Möglichkeiten in dein Leben einladen. Hast du jemals etwas in die Existenz gezwungen? Du weißt, wie sich das anfühlt. Wenn du dich zwingst, einen Aufsatz zu schreiben, Geld aufzutreiben, um die Rechnungen bezahlen zu können, wenn du deinen Partner zwingst, mit dir zu diskutieren, weil du beschlossen hast, dass es wichtig ist...du weißt, wovon ich spreche. Dich selbst oder jemand anderen zu etwas zu zwingen, braucht viel Energie und ist normalerweise ziemlich frustrierend. Wie wäre es, wenn du stattdessen Sexualness zu der Party einlädst?

Wenn du jeden und alles wie deinen Geliebten behandeln würdest, wäre das eine Einladung für sie, zu dir zu kommen?

Und sie werden kommen. Alles und alle wie deinen Geliebten zu behandeln, beinhaltet Dankbarkeit, wenn sie kommen und das motiviert für zukünftige Einladungen. Wie wäre es, wenn du Geld wie deinen Geliebten behandeln würdest? Spür die Energie. Würde das mehr Spaß machen? Würde das den Umgang mit Geld erleichtern? Wie wäre es, wenn du deinen Körper wie deinen Geliebten behandeln würdest? Wie viel Spaß könntest du dann haben?

Hast du deinen Körper jemals dazu gezwungen abzunehmen? Wie gut hat das funktioniert? Wie wäre es, wenn du dankbar für dich und deinen Körper wärst und dich und deinen Körper einladen würdest, euch zu verändern? Frage, was möglich ist: „Körper, zeig mir, wie würdest du gerne aussehen? Du wirst vielleicht überrascht von dem sein, was er dir zeigt. Was kannst du jeden Tag wählen, das dir und deinem Körper erlaubt, die Sexualness-Energie zu sein? Was ist es, das die heilende, nährende, sich ausdehnende, orgastische und freudvolle Energie in deinem Leben und deinem Körper vermehrt? Ein Spaziergang am Strand, tanzen, schreiben, mit einem Freund reden, ein Bad nehmen? Was ist es für dich? Wie wäre es, wenn du das mindestens eine halbe Stunde täglich tun würdest? Wie sehr würde das die Energie neuer Möglichkeiten in allen Bereichen deines Lebens kreieren?

Ich war früher eine von diesen super-effizienten Leuten mit langen To-Do-Listen, die ich jeden Tag abgearbeitet habe. Ich war der Ansicht, dass das genau die richtige Art wäre, um alle Dinge zu erledigen. Dabei hat es mich frustriert, durch meine Tage zu hetzen, um all die Aufgaben zu erfüllen, die auf meiner Liste standen. Spürst du die Energie, wenn du das liest? Fühlt sich nicht gerade wie Spaß an oder? Ich habe es zwar geschafft, alle Punkte auf meiner Liste zu erledigen, aber mein Leben hat sich nicht geändert. Ich habe gedacht, wenn ich alles schaffe, würde das mein Leben irgendwann verbessern. Aber das ist nie passiert.

Dann füge der ganzen Geschichte noch hinzu, dass ich zwangsgestört bin, was bedeutet, dass, wenn ich etwas erledige, ich es bis ins kleinste Detail erledige, was noch mehr Arbeit verursacht. Ich habe erkannt, dass das nicht die Art ist, wie ich mein Leben kreieren möchte, als habe ich die Forderung an mich gestellt, das zu ändern. Heute beginne ich meinen Tag damit, dass ich frage, welches die Energie ist, die ich für mein Leben möchte. Ich werde mir der leichten, freudvollen, orgastischen, sich immer weiter ausdehnenden, nährenden, heilenden, lustigen Energie bewusst, nach der ich frage. Jeden Morgen bitte ich mich und meinen Körper, diese Energie zu sein, sie in jeder Zelle meines Körpers zu spüren. Indem ich diese Energie bin, frage ich:

Was kann ich heute wählen? Wohin kann ich meine Energie heute richten, die es mir erlaubt, mein Leben großartiger zu generieren und zu kreieren, als ich jemals für möglich gehalten habe?

Ich wähle das, was zu der Energie des Lebens und der Lebensführung passt, die ich mir ersehne. Manchmal ist es ein Spaziergang am Strand, manchmal ein Gespräch mit jemandem, der mich inspiriert und mich mit Informationen versorgt, um etwas Neues zu kreieren...Das zu wählen, was meinem Leben und meiner Lebensführung beiträgt, erschafft eine konstante Vorwärtsbewegung. Ich frage mich immer wieder und wieder: „Was kann ich jetzt wählen, das mein Leben erweitert?“ und ich wähle wieder. So ist es, wenn man die Frage ist, die Wahl, die Möglichkeit und der Beitrag. Die Elemente der Erweiterung.

Wie wäre es, wenn du für dich und deinen Körper wählst, die Sexualness-Energie zu sein? Was wäre möglich für dich? Sexuell zu sein wie die Natur – dynamisch und lebendig. Die Natur ist das großartige Orchester, das mit den Bäumen spielt, dem Wind, der Sonne, den Wolken, dem Meer, der Erde in der großartigsten aller Symphonien. Sie weiß, wann es Zeit für Veränderung ist und wie man sie mit Leichtigkeit einleitet.

Hättest du diese Leichtigkeit mit dem Sein und der Veränderung, hättest du jemals wieder ein Problem?

Wenn du diese Energie von Sexualness bist, während du Sitzungen mit Klienten hast, bist du gleichzeitig die Einladung für sie, diese Energie in ihren Körpern zu beherbergen. Wie wäre es, wenn man sich nicht wieder von ihr abschneiden würde?

Sexualness bedeutet nicht, dass du Sex mit irgendwelchen Leuten hast. Es geht vielmehr darum, die Energie zu sein, die dich und die andere Person dazu einlädt, wieder zu spielen, Leichtigkeit mit Veränderungen zu haben und feststehende Ansichten gehen zu lassen, die nichts als Schmerz und Leid verursachen.

Die Menschen glauben immer, dass sexuell zu sein, gleichbedeutend ist mit Sex haben und deswegen erlauben sie sich diesen Zustand nur im Schlafzimmer. Wie wäre es stattdessen, wenn du diese Energie aus dem Schlafzimmer befreist und sie mit nach draußen in dein gesamtes Leben nimmst? Wie wäre es, wenn du diese Energie deine ganze Realität durchdringen lässt? Froh zu sein, nährend, liebevoll, orgastisch, heilsam und erweiternd lässt die Trennung zersplittern, die du zwischen dir und den anderen kreierst. Es geht nicht mehr um die Lehrer/Schüler oder Therapeut/Klient Dynamik. Es geht darum, du selbst zu sein und den anderen dazu einzuladen, ebenfalls er oder sie selbst zu sein.

Einfach DU zu sein, kreiert Veränderung

Während meiner vielen Sitzungen mit Klienten ist mir klar geworden, dass nicht die Technik oder Methode, mit der ich auf Veränderung hinarbeite, die Quelle der Veränderung in den Menschen ist. Die meisten Therapeuten sind der Ansicht, dass ihre Technik den gewünschten Effekt hat. Bei den meisten Methoden gibt es einen bestimmten Weg, eine Form und eine Struktur, in der sie angewandt werden. Der Therapeut wendet üblicherweise eine bestimmte Technik an und versucht, alles richtig zu machen, was eine Menge Zeit in Anspruch nimmt und viel Energie kostet. Es gibt Standards und Referenzpunkte, mit denen sie ihre Arbeit vergleichen und danach bewerten sie, ob sie es richtig oder falsch gemacht haben und ob sie Erfolg hatten und ob sie das erwünschte Resultat erreicht haben.

Ich habe auch auf diese Weise gearbeitet. Ich habe viele Bücher gelesen und Seminare besucht, in denen es um viele unterschiedliche Arten der Psychotherapie ging. Die ganze Zeit habe ich mich ununterbrochen verurteilt. Ich hatte die Ansicht, dass ich es nicht gut genug machte, dass ich lieber dies oder das hätte sagen sollen, oder dass sich meine Klienten nicht so verändert hätten, wie sie eigentlich sollten. Ich habe mich so schlecht gefühlt und wie ein Versager.

In den Büchern, die ich über Therapietechniken gelesen hatte, gab es jede Menge von diesen perfekten Beispielen, wie eine Therapie angeleitet werden soll und wo der Therapeut immer genau weiß, was er wann zu sagen hat, um zu verdeutlichen, wie perfekt er die Technik anwendet.

In meinen Sitzungen habe ich versucht, das Gleiche zu tun. Während ich mit meinen Klienten zusammensaß, habe ich mich daran erinnert, was ich in den Büchern gelesen hatte und was der Therapeut dort gesagt hat und ich versuchte, das Gleiche zu tun oder zumindest „korrekt" genug, was niemals wirklich gut funktioniert hat. Meine Klienten haben niemals gesagt, was die Klienten im Buch gesagt hatten, sie schauten mich nur komisch an und ich habe mich nur noch schlechter gefühlt. Willkommen zum selbstquälerischen Therapeuten. Nach einem Jahr, im dem ich es so gemacht hatte, wie „es sich gehörte", konnte ich es einfach nicht mehr tun. Ich wusste, dass ich meine Arbeitsweise ändern musste. Genug mit der selbstgewählten Folter. Irgendwie hatte ich eine Ahnung, dass es da eine Möglichkeit gibt, mit Klienten zu arbeiten, die wesentlich mehr Leichtigkeit und Freude bringt.

Wie?

Ich begann Fragen zu stellen. Ich verabschiedete all meine Ansichten, dass es da eine Technik geben müsste, die für Veränderung sorgt. Ich fragte meine Klienten, was ihnen hilft und Veränderung für sie kreiert, wenn wir zusammen arbeiten. Jeder einzelne sagte, ich sei es, das Wesen, das ich bin – nicht das, was ich sage, sondern meine Fürsorge, die Art, wie ich zuhöre und mit ihnen spreche, ohne sie zu bewerten. Das ist es, was sie am meisten verändert.

Wow! Kannst du dir vorstellen, wie sehr das meine Realität verändert hat, als ich das hörte? Ich hatte immer gedacht, ich müsste nur die Technik richtig anwenden und dass ich hart arbeiten, die Technik besser beherrschen und noch mehr lernen müsste. Aber nein. Es ist der Raum, der ich bin, der die anderen dazu einlädt zu sein und das zu finden, wonach sie suchen.

Dieses Bewusstsein passte zu dem, von dem ich immer wusste, dass es möglich ist.

Wir können es einander erleichtern, großartigere Möglichkeiten zu wählen, indem wir einfach präsent sind. Du weißt wie es ist, wenn du mit jemandem sprichst, der dich nicht im geringsten bewertet, der keine Ansicht darüber hat, ob und wie du dich ändern solltest, der so nährend und heilsam für dich ist. Das ist der Raum, in dem du dazu ermutigt wirst, dich zu ändern, falls und wann du es wählst.

Und so habe ich die Pragmatische Psychologie kreiert, indem ich Fragen gestellt habe, die Bewusstsein erschließen.

Wenn ich Klienten treffe, stelle ich Fragen und ich verkörpere die Fragen. Ich kaufe ihnen nicht ihre Geschichten ab und ich suche beim Zuhören nach den Dingen, die mir verraten, wo und wie sie sich selbst begrenzen. Begrenzungen werden kreiert, wenn Menschen Unbewusstsein wählen und wenn sie wählen, unbewusst zu sein. Meist ist das, was sie in Wahrheit begrenzt, nicht das, von dem sie denken, dass es sie begrenzt. Die Veränderung geschieht nicht in erster Linie, weil wir über die Begrenzung sprechen, sondern indem wir die Energie verändern. Wenn wir die Worte zur Quelle der Veränderung machen, bedeutet das eine gewaltige Begrenzung. Veränderung ist die Wahl, eine andere Möglichkeit einzuladen. Die Energie zu verlagern und sich der Wahlmöglichkeiten bewusst zu sein, kreiert mehr Leichtigkeit und Ausdehnung. Das ist es, was das Leben der Menschen verändert. Die Ansichten und Bewertungen loszulassen, auf deren Grundlage die Menschen agieren, öffnet das Bewusstsein für das, was nötig ist, um das zu kreieren, was sie sich ersehnen.

Du weißt, wie man ununterbrochen über ein Problem sprechen und nach der Ursache suchen kann und nach den Gründen und alles was man davon hat, ist eine Geschichte, die man kreiert hat, die man wirklich gemacht hast und die einen noch tiefer in dem Problem graben lässt. Deine Energie ist schwer und normalerweise fühlst du dich falsch und entmachtet. Für mich ist es faszinierend zu sehen, dass man in dieser Realität annimmt, Veränderung sollte auf diese Weise geschehen.

Wenn du dein Augenmerk darauf richtest, was für dich und dein Bewusstsein erweiternd ist, kreiert das Leichtigkeit in deinem Universum und deinem Körper, selbst wenn du dir einer negative Bewertung oder einer kritischen Haltung bewusst wirst, an der du festgehalten hast.

Wie wäre es, wenn du deine Großartigkeit sein, um sie wissen und sie annehmen könntest? Wie viele von deinen sogenannten Problemen würden einfach verschwinden und nicht im Geringsten mehr relevant sein? Bist du bereit, dir zu erlauben, dass dein Leben einfach und freudvoll ist? Wo du alles annehmen kannst, dich in deiner Ganzheit eingeschlossen, und wo du nichts bewertest? Wie gern würdest du die Welt zu einer anderen Perspektive inspirieren?

Wenn du deine Unrichtigkeit, deinen Schmerz und dein Leid loslässt, erschaffst du eine andere Welt. Wenn du das Licht der Wahrnehmung und des Bewusstseins einschaltest, können Zerstörung, Probleme, Schmerz und Leid nicht mehr existieren. Du hörst auf, das Resultat zu sein. Du bist der Terminator von Schmerz und Leid, der „Schmerzaustreiber".

Wenn du bewusst bist, dann kommt das Leben zu dir, mit Leichtigkeit und Freude und Herrlichkeit.

Wenn du Bewusstsein bist und es verkörperst, werden die trennenden Mauern zwischen dir und den anderen niedergerissen, zwischen dir und dem, was du in Wahrheit ersehnst.

Willkommen in deiner Welt. Willkommen in unserer Welt. Willkommen in einem Leben in Leichtigkeit, Freude und Herrlichkeit. Ja. Es ist eine Wahl, die du hast.

Über die Autorin

Mag. Susanna Mittermaier, lizensierte klinische Psychologin, Psychotherapeutin und Access Consciousness® Facilitator aus Wien, Österreich kreiert ein neues Paradigma für Psychologie und Therapie, die Pragmatische Psychologie, wofür sie die revolutionären Werkzeuge von Access Consciousness® verwendet.

Susanna hat eine andere und dynamisch transformierende Perspektive auf psychisches Leid und Geisteskrankheiten, das jenseits von all dem liegt, was derzeit am Markt zu finden ist.

Susanna hat einige Jahre in der schwedischen Psychiatrie gearbeitet und in ihrer eigenen Praxis, in der sie mit bemerkenswerten Ergebnissen Klienten behandelt, die mit Depressionen, Ängsten, Bipolarität, ADHS, ADS, Autismus, Asperger-Syndrom und anderen psychischen Diagnosen zu ihr kommen.

Susanna Mittermaier hatte schon immer den Wunsch, die Menschen zu ermächtigen, zu wissen, dass sie wissen, sie zu ermächtigen zu sein, wer sie sind und die Wahl für ein freudvolles Leben zu verkörpern. In Ergänzung zu ihrer Ausbildung als Psychologin hat Susanna auch Lehrwissenschaften, Philosophie und Linguistik studiert.

Seit sie ein Kind war, hat Susanna die Welt betrachtet und sich gefragt, warum die Menschen so unglücklich sind, wo das Leben doch so viel Freude und Leichtigkeit sein kann. Eine Zeit lang hat sie ihre eigene Leichtigkeit vergessen. Sie wusste aber, dass sich das ändern musste! Es war Zeit, sich der Welt zu zeigen, das zu sein und zu kreieren, wozu sie in Wahrheit fähig ist. Zu dieser Zeit kam sie in Kontakt mit

Access Consciousness® und das änderte alles für sie.

Heute reist Susanna um die Welt, um Sitzungen, Workshops und Access Consciousness® Kurse in unterschiedlichen Sprachen anzuleiten. Susanna spricht wöchentlich im amerikanischen Radio.

Was man über sie sagt: "Du bist die verrückteste, fröhlichste Psychologin, die ich jemals getroffen habe. Ich fühle mich wahnsinnig gesund, meine Welt hat sich verändert!"

Susanna beschreibt die Psychologie als Hilfe, dich an diese Realität anzupassen. Und wenn man dann noch Bewusstsein und Pragmatismus hinzufügt, holt dich das einfach vollkommen aus deiner Schublade heraus und du erlangst Zugang zu so viel mehr von dem, was du in Wahrheit bist und mehr als du jemals für möglich gehalten hast!

Pragmatische Psychologie – Kurse

Wie wäre es, wenn ein anderes Paradigma für Depression, Angst, Bipolarität, Essstörungen, Schizophrenie und jede andere klinisch diagnostizierte „Störung“ verfügbar wäre?

Mag Susanna Mittermaier, klinische Psychologin aus Österreich weiß, dass es so ist!

Susanna verwendet die Werkzeuge von Access Consciousness® seit Jahren in der schwedischen Psychiatrie und in ihrer eigenen Praxis und hat unglaubliche Veränderungen damit erzielt.

Wie wäre es, wenn du darüber hinweg kommen könntest, normal zu sein und stattdessen deine eigene Brillanz anzapfst? Was stimmt mit dir, das du nicht verstehst? Und wie kannst du mit Fragen und Werkzeugen etwas verändern, von dem man annimmt, dass man es ein ganzes Leben lang behandeln muss und das man angeblich nur mit Medikamenten in den Griff bekommen kann?

Diese Kurse sind für jedermann. Menschen, die mit Diagnosen kommen, ihre Angehörigen, Freunde, Therapeuten aller Art, Eltern, Lehrer, Sozialarbeiter. Jeder, der neugierig darauf ist, mehr darüber herauszufinden, was für großartigere Möglichkeiten es gibt, eine Veränderung herbeizuführen. Und für alle unter euch, die bereit sind, Zugang zu bekommen zu dem, was IHR wisst!

Willkommen auf der Reise aus dem Schmerz, Leid und Beschwerlichkeit heraus hin zu Leichtigkeit, Freude und Herrlichkeit!

Scan for more information

Diese Kurse finden weltweit statt und ebenso online:

www.susannamittermaier.accessconsciousness.com

Was Teilnehmer sagen:

„Ich bin Krankenschwester in der Psychiatrie und ich war bei Susannas Kurs „Pragmatische Psychologie". Ich arbeite mit Jugendlichen, die mit psychischen Störungen diagnostiziert sind und unterstütze auch deren Familien, damit sie eine Unterstützung für diese Jugendlichen sein können. Außerdem habe ich einen erwachsenen Sohn mit Schizophrenie. Das Geschenk, das Susanna uns mit ihrer Arbeit macht, ist eine völlig neue Sichtweise auf geistige Störungen. Sie blickt hinter das Stigma, das die „Krankheit" mit sich bringt, und deckt das Geschenk und die Fähigkeiten auf, die diese Kinder und Erwachsenen in Wahrheit besitzen. Sie lehrt uns, wie wir Zugang zu unserem eigenen Wissen bekommen, um den Raum zu halten, der eine andere, neue Möglichkeit für unsere Klienten, Familien und uns selbst birgt. Und sie tut es mit einer solchen Leichtigkeit und Freude! Ich

höre mir die Aufnahmen des Kurses immer wieder und wieder an, wenn ich zu Fuß zur Arbeit gehe, weil es mir wirklich hilft, dem Tag so eine ruhige, positive Tonart zu verleihen. Vielen, vielen Dank, Susanna!

„Hallo Susanna,

vielen Dank für deinen Kurs „Pragmatische Psychologie"! Ich bin so dankbar für dich und den Kurs. Ich höre ihn mir immer wieder an. Ich erkenne viel von mir in dem, was du getan hast. Ich arbeite an einer Schule und tatsächlich gibt es da viele Ähnlichkeiten mit dem Gesundheitswesen. Dein Kurs hat begonnen, mir eine neue Möglichkeit in der realen Welt zu öffnen, eine Möglichkeit, wie ich als Lehrerin auf andere Art arbeiten kann, eine Art, von der ich weiß, dass sie für mich funktioniert und großartigere Möglichkeiten kreiert. Deswegen DANKE aus tiefstem Herzen. Ich kann jetzt einen Weg erkennen. Was ist also sonst noch möglich? Du bist erstaunlich und, wow, was für ein Beitrag für diese Welt und Wirklichkeit! Wie kann es noch besser werden?"

Scan for more information

Mehr Informationen über die Autorin:

www.susannamittermaier.com
www.susannamittermaier.com/pragmaticpsychology

Access Consciousness®
Kern-Kurse

Access Consciousness® ist eine Sammlung von Werkzeugen und Techniken, dazu entworfen, dir dabei zu helfen, alles zu ändern, was in deinem Leben nicht funktioniert, damit du ein anderes Leben und eine andere Realität für dich erschaffen kannst. Bist du bereit, die unendlichen Möglichkeiten zu erforschen?

Die Kurse, die hier aufgelistet sind, erweitern deine Fähigkeiten, Zugang zu deinem Bewusstsein zu erlangen, damit du dir bewusster wirst über dich, dein Leben, deine Realität und darüber hinaus.

Wenn du bewusster bist, kannst du damit beginnen, dein Leben so zu gestalten, wie du es schon immer haben wolltest und immer schon wusstest, dass es möglich ist und wie du es bisher nicht erschaffen hast. Was ist sonst noch möglich? Bewusstsein schließt alles mit ein und bewertet nichts.

~ Gary Douglas, Gründer von Access Consciousness®

Access Bars™

Der erste Access Consciousness®-Kurs sind die Access Bars®.

Wusstest du, dass es 32 Punkte an deinem Kopf gibt, die, wenn sie sanft berührt werden, Gedanken, Ideen, Glaubenssätze, Emotionen und Annahmen ohne Anstrengung auflösen, die du aus irgendeinem früheren Leben mitgenommen hast.

Ist dein Leben noch nicht so, wie du es gerne hättest? Du könntest alles haben, was du dir ersehnst (und noch mehr!), wenn du bereit wärst, mehr zu empfangen und weniger zu tun! Die Bars zu empfangen oder zu lernen wird all dem erlauben, für dich aufzutauchen – und so viel mehr.

Der Access Bars® Kurs ist die Voraussetzung für alle Access Consciousness® Kern-Kurse, weil er deinem Körper ermöglicht, all die Veränderungen, die du wählst, zu verarbeiten und zu empfangen.

Dauer: 1 Tag

Foundation & Level 1 – Grundlagenkurs & Stufe 1

Access Consciousness® ist ein pragmatisches System, um jenseits der Begrenzungen einer Welt, die für dich nicht funktioniert, handeln zu können. Wenn du aus einer völlig neuen Perspektive auf deine Lebensthemen blickst, wird es einfach, alles zu verändern. Beim Access Grundlagenkurs geht es darum, aus der Matrix dieser Realität herauszutreten und die Ansichten aufzudecken und loszulassen, die dich begrenzen.

In Stufe 1 wirst du entdecken, wie du dein Leben so kreieren kannst, wie du es dir ersehnst. Dieser Kurs wird dein Bewusstsein über dich selbst als unendliches Wesen und die unendlichen Möglichkeiten, die für dich verfügbar sind, sogar noch erweitern.

Dauer: 2 Tage pro Kurs

Voraussetzungen: Access Bars® (und der Grundlagenkurs für Stufe 1)

Level 2 & 3 – Stufe 2 & 3

In diesen beiden Kursen, die von dem Access Consciousness®-Gründer Gary Douglas oder von Dr. Dain Heer angeboten werden, wirst du Zugang zu dem Raum finden, in dem du beginnst, deine Fähigkeiten als ein unendliches Wesen zu erkennen. Du wirst dir stärker bewusst werden, was du als dein Leben kreieren möchtest – finanziell, in deinen Beziehungen, in deiner Arbeit und darüber hinaus.

Dein Leben zu erschaffen, bedeutet den Zuwachs an Möglichkeiten in jedem Moment. Wenn du aufhörst, auf der Grundlage deiner Vergangenheit zu kreieren, kannst du eine Zukunft erschaffen, die frei von Begrenzungen ist. Wie wäre es, wenn du deine Selbstbewertung, ob du nun recht hast oder nicht, mit deinem Gespür für die Möglichkeiten ersetzen würdest?
~ Gary Douglas

Dauer: 4 Tage (2 Tage für Stufe 2 & 2 Tage für Stufe 3)
Voraussetzungen Access Bars, Grundlagenkurs, Stufe 1)

Access Körper Kurs

Was, wenn dein Körper dein Wegweiser zu den Geheimnissen, Mysterien und dem Zauber des Lebens wäre? Der Access Körper Kurs wurde von Gary Douglas und Dr. Dain Heer kreiert und wird von zertifizierten Körper-Kurs-Trainern angeboten.

Der Access Körper Kurs wurde so angelegt, dass zwischen dir und deinem Körper ein Dialog beginnen kann, der eine Verbundenheit zwischen euch erschafft, die dir erlaubt, deinen Körper zu genießen, anstatt ihn zu bekämpfen. Wenn du die Beziehung zu deinem Körper veränderst, veränderst du alle Beziehungen in deinem Leben. Kursteilnehmer haben von dramatischen Veränderungen bei ihrem Gewicht oder ihrer Figur berichtet, von dem Verschwinden ihrer chronischen und akuten Schmerzen und von mehr Leichtigkeit mit ihren Beziehungs- und Geldthemen.

Hast du Begabung und Fähigkeiten, mit Körpern zu arbeiten, die du noch nicht erschlossen hast? Oder bist du eine MasseurIn, ChiropraktikerIn, Ärztin, Arzt oder Krankenschwester und suchst nach einem Weg, die Heilungsmöglichkeiten für deine Klienten zu verbessern? Komm und spiel mit uns und erforsche die vielen neuen Möglichkeiten, mit Körpern zu kommunizieren und in Beziehung zu sein, deinen eigenen eingeschlossen.

Dauer: 3 Tage

Voraussetzungen: Access Bars, Grundlagenkurs, Stufe 1

Access Body Kurs für Fortgeschrittene mit Gary Douglas

Dieser Kurs bietet eine einzigartige Reihe von neuen Körperprozessen, die deinem Körper die Möglichkeit eröffnen, sich jenseits der Begrenzungen dieser Realität zu bewegen. Wie wäre es, wenn du die in deinem Körper gespeicherten Begrenzungen rückgängig machen könntest, die seine Funktion beeinträchtigen? Wie wäre es, wenn dein Körper weit effizienter sein könnte? Wie wäre es, wenn du und dein Körper nicht genauso funktionieren müssten, wie alle anderen in dieser Realität glauben, funktionieren zu müssen? Was, wenn Lebensmittel, Nahrungsergänzungsmittel und Sport so gut wie nichts damit zu tun hätten, wie dein Körper in Wahrheit funktioniert? Wie wäre es, wenn du Leichtigkeit, Freude und eine Verbundenheit mit deinem Körper hättest, jenseits von allem, was man derzeit für möglich hält? Wärst du bereit, die Möglichkeiten zu erforschen?

Dauer: 3 Tage

Voraussetzungen: Access Bars, Grundlagenkurs, Stufen 1, 2 & 3 und zweimal der 3-Tage-Körper-Kurs

Die Symphonie der Möglichkeiten mit Dr. Dain Heer

Was, wenn du der Komponist deiner Realität bist? Was, wenn du die Fähigkeit hättest, der Maestro des Universums zu sein? Ist es an der Zeit zu werden, wofür du *immer* schon vorgesehen warst?

Dieser Abendkurs ist der Beginn der *Symphonie der Möglichkeiten*, eines Trainings für Fortgeschrittene, bei dem du gründlich vertraut wirst mit der Wahrnehmung der Energien und lernst, wie man sie wirklich benutzt, um dein Leben, deine Lebensweise und eine vollkommen andere Realität zu kreieren.

Wie wäre es, wenn WIR, in unserer wahren akustischen Schwingung, eine Symphonie der Möglichkeiten komponieren würden, die die Welt und den Planeten verändert?

Die Symphonie der Möglichkeiten – ein Training für Fortgeschrittene mit Dr. Dain Heer

Eine Einführung in die *Die Symphonie der Möglichkeiten, ein* 3.5 Tage dauerndes Training für Fortgeschrittene, bei dem du gründlich vertraut wirst mit der Wahrnehmung der Energien und lernst, wie man sie wirklich benutzt, um dein Leben, deine Lebensweise und eine vollkommen andere Realität zu kreieren.

Bist du dir bewusst, dass deine Fähigkeiten, mit Energie umzugehen, einzigartig sind? Weißt du, dass die Art, wie du mit der Welt in Resonanz gehst, ein fantastisches, phänomenales und absolutes Geschenk ist? Bist du bereit, das anzunehmen und all das jetzt zu SEIN? Das ist ein Kurs wie kein anderer! Dain verwendet seinen energetischen Transformierungsprozess, *Energetic Synthesis of Being* (energetische

Synthese des Seins), um dir den Raum der unendlichen Möglichkeiten zu öffnen, und lädt dich dazu ein, deine Fähigkeiten zu entdecken, indem du energetisch an anderen Kursteilnehmern arbeitest.

Mit Unterstützung von Dain und gemeinsam mit den anderen in der Gruppe, beginnst du Zugang zu dem zu finden, was in Wahrheit für dich verfügbar ist. Wie wäre es, wenn WIR, in der akustischen Schwingung, die wir in Wahrheit sind, eine energetische Symphonie der Möglichkeiten kreieren, die die Welt und den Planeten verändert?

Dauer: 3 1/2 Tage

Voraussetzungen: Bars, Grundlagenkurs, Stufe 1, 2 & 3

Sei du selbst und ändere die Welt – Der Anfang
Mit Dr. Dain Heer

Dieser Abendkurs ist für alle offen und wird dir einen Vorgeschmack auf das geben, was sonst noch möglich ist in deinem Leben. Gleichzeitig ist der Abend der Beginn des 2½ Tage-Kurses *Sei du selbst und ändere die Welt*.

Access Consciousness® 7-Tage-Veranstaltung

Bist du ein Abenteurer und ein Sucher? Möchtest du immer mehr von dem, was möglich ist? Bist du bereit, Fragen in Betracht zu ziehen, die du nie zuvor gestellt hast? Und bist du bereit, mehr Veränderung anzunehmen, als du dir je hättest vorstellen können? Wenn das so ist, dann könnte die 7-Tage-Veranstaltung genau das Richtige für dich sein!

Zu dieser Veranstaltung muss man eingeladen werden und die frei angelegten Kurse werden zweimal im Jahr an wunderschönen Plätzen überall in der Welt von Gary Douglas dem Gründer von Access Consciousness® abgehalten.

Um eingeladen zu werden, musst du bei mindestens einem Stufe 2 & 3 Kurs persönlich teilgenommen haben.

Es gibt keinen anderen Kurs und keine andere Veranstaltung wie diese auf der Welt. Es ist eine einzigartige und lebensverändernde Erfahrung.

Voraussetzungen: Stufe 2 & 3

Dauer: 7 Tage

Um mehr über die Access Consciousness® Kurse herauszufinden: www.accessconsciousness.com

Mehr Access Consciousness® Literatur

Divorceless Relationships
Von Gary M. Douglas

Die meisten von uns verbringen viel Zeit damit, Teile von sich selbst abzutrennen, um für jemand anderen da zu sein. Du möchtest zum Beispiel gerne joggen gehen, aber statt das zu tun, verbringst du die Zeit mit deinem Partner, um ihm oder ihr zu zeigen, dass er oder sie dir wirklich etwas bedeutet. „Ich liebe dich so sehr, dass ich diese eine Sache, die mir so viel bedeutet, aufgebe, um mit dir zusammen zu sein." Das ist eine der Arten, wie du dich von dir trennst, um eine intime Beziehung zu kreieren. Wie oft hat diese Trennung von dir auf Dauer funktioniert?

Sei du selbst und verändere die Welt
Von Dr. Dain Heer

Hast du immer schon gewusst, dass etwas VOLLKOMMEN ANDERES möglich ist? Wie wäre es, wenn du ein

Handbuch hättest für unendliche Möglichkeiten und dynamische Veränderungen, das dich anleitet? Mit Werkzeugen und Prozessen, die tatsächlich funktionieren und dich zu einer ganz anderen Art zu sein einladen? Für dich? Und für die Welt?

Joy of Business
Von Simone Milasas

Wenn du dein Unternehmen aus deiner FREUDE daran kreieren würdest, was würdest du wählen? Was würdest du verändern? Was würdest du wählen, wenn du wüsstest, du könntest nicht scheitern? Ein Unternehmen ist FREUDE, es ist Schöpfung, es ist erschaffend. Es kann das Abenteuer des LEBENS sein.

Leading from the Edge of Possibility: No More Business as Usual
Von Chutisa und Steven Bowman

Dieses Buch ist für all jene, die sich dafür engagieren, ein großartigeres Leben zu erschaffen, als jenes, das sie jetzt führen und die die Welt verändern wollen. Die Autoren vermitteln Einsichten in die Geschäftswelt und ins Leben, die durch ihre Jahrzehnte lange Arbeit mit Tausenden Vorständen und leitenden Managern entstanden sind. Das Thema des Buchs ist „Kein business as usual mehr“, aber vielleicht wäre es richtiger beschrieben als ein Buch über Möglichkeit, Wahl, Frage, Beitrag und was es braucht, dein Unternehmen vom Rand der unendlichen Möglichkeiten aus zu leiten.

9 781939 261892